浙江省社科联年度常规项目（2022N88）
宁波市小企业成长基地培育项目（2020XQY006）
宁波工程学院 2020 年学术专著出版资助项目和 2022 年度宁波工程学院科

U0514543

基于年报文本特征的上市公司环境信息披露质量及其经济后果研究

JIYU NIANBAO WENBEN TEZHENG DE
SHANGSHIGONGSI HUANJING XINXI PILU ZHILIANG
JIQI JINGJI HOUGUO YANJIU

蔡荣江　著

中国财经出版传媒集团
经济科学出版社
Economic Science Press

图书在版编目（CIP）数据

基于年报文本特征的上市公司环境信息披露质量及其经济后果研究／蔡荣江著 . -- 北京：经济科学出版社，2022. 12

ISBN 978 - 7 - 5218 - 4418 - 4

Ⅰ. ①基… Ⅱ. ①蔡… Ⅲ. ①上市公司 - 环境信息 - 信息管理 - 研究 - 中国 Ⅳ. ①F279. 246

中国国家版本馆 CIP 数据核字（2023）第 012224 号

责任编辑：周胜婷
责任校对：徐　昕
责任印制：张佳裕

基于年报文本特征的上市公司环境信息披露质量
及其经济后果研究

蔡荣江　著

经济科学出版社出版、发行　新华书店经销
社址：北京市海淀区阜成路甲 28 号　邮编：100142
总编部电话：010 - 88191217　发行部电话：010 - 88191522
网址：www. esp. com. cn
电子邮箱：esp@ esp. com. cn
天猫网店：经济科学出版社旗舰店
网址：http：//jjkxcbs. tmall. com
固安华明印业有限公司印装
710 × 1000　16 开　12. 25 印张　200000 字
2022 年 12 月第 1 版　2022 年 12 月第 1 次印刷
ISBN 978 - 7 - 5218 - 4418 - 4　定价：76. 00 元
（图书出现印装问题，本社负责调换。电话：010 - 88191545）
（版权所有　侵权必究　打击盗版　举报热线：010 - 88191661
QQ：2242791300　营销中心电话：010 - 88191537
电子邮箱：dbts@ esp. com. cn）

前　言

随着经济的飞速发展,工业化进程的不断加速,环境事件一再敲响人类警钟。企业生产经营活动离不开自然环境,但反过来又对自然环境带来严重危害。近年来,由于公共环境事件发生未能及时公布环境信息而导致的危害尤为严峻。随着社会公众的环保意识逐渐增强,企业履行环保义务、承担社会责任已成为社会的共识,企业披露环境信息是企业积极履行环境责任的重要表现之一。而我国作为全球生态文明建设的重要参与者、贡献者、引领者,积极参与全球环境治理,提出了"碳达峰""碳中和"的"双碳"战略目标。企业是碳排放的主体之一,也是环境治理中的关键环节。为指导和规范企业的环境行为,我国的生态环境部、证监会等机构已制定一系列环境信息披露制度。但是企业环境信息不同于一般的财务信息,更容易存在信息不对称问题。环境信息披露的目的是降低企业与社会公众间的信息不对称,满足政府和社会公众等社会各界利益相关者对环境信息的需要。我国对环境会计的引入和研究较晚,环境信息披露的研究具有难以定量的特点,虽然近年来我国学者对企业环境信息披露的研究逐渐增多,但是,目前针对上市公司环境信息披露质量研究的文献还比较少。由于企业环境信息内外部因素的影响,企业环境信息披露仍存在诸多亟须解决的问题。如何提高企业环境信息披露质量、规范企业环境信息披露行为是落实企业环境保护主体责任的现实问题。

在此背景下,本书首先以利益相关者理论、信号传递理论、委托代理理论和博弈论等为理论基础,针对目前我国企业环境信息披露数量多、披露质量低的现象，以2010～2018年我国沪深两市重污染行业895家上市公司为样本，研究如何提高我国企业环境信息披露的质量；然后从政府、企业内部和社会压力三方面研究企业环境信息披露质量的影响因素；接着从经济后果角度研究企业环境信息披露质量与企业融资约束、企业价值及年报文本特征之间的关系；最后得出提高上市公司环境信息披露质量的对策和建议。

本书的研究结果表明，环境信息披露对企业融资约束具有显著的缓解作用，环境信息披露与企业价值之间呈正相关关系。在调节变量年报的文本特征中，年报文本篇幅和文本可读性促进了环境信息披露与企业融资约束之间的显著负相关关系，显著促进了环境信息披露与企业价值之间的正相关关系，即：年报文本篇幅越长、年报文本可读性越强，越能促进环境信息披露对企业融资约束和企业价值的影响。而年报文本相似性越强，则抑制了环境信息披露对企业融资约束和企业价值的影响。

本书的学术意义为：

首先，本研究丰富了环境信息披露研究的理论框架。本书将文本挖掘技术纳入环境信息披露制度演进发展的研究方法范畴，并利用年报文本特征研究我国企业环境信息披露的质量与企业经济后果之间的关系；围绕"双碳"目标，研究了与企业环境信息披露相关的内涵和结构框架。同时，这也为我国企业环境信息披露的研究提供一个全新的视角。

其次，本研究系统地从"企业－政府－社会"多维视角，对环境信息披露质量驱动因素进行多维研究，并在此过程中发现环境信息披露关键影响因素及政策效果。加强了支撑我国环境信息披露的政策理论和环境管理理论，拓宽了企业环境信息披露的理论和实践范围。

本书是宁波工程学院2020年学术专著出版资助项目、浙江省社科年度联常规项目（2022N88）和宁波市小企业成长基地培育项目（2020XQY006）

的阶段性成果，感谢相关机构资助。在本书的出版过程中，经济科学出版社编辑提供了很多的帮助，在此一并表示谢意。

受限于笔者的知识积累和学术水平，本书难免存在一些不足和有待商榷之处，恳请广大读者批评与指正。

目录

第1章　绪论 / 1

　　1.1　研究背景与意义 / 1

　　1.2　研究思路与内容 / 4

　　1.3　研究意义 / 6

　　1.4　概念与定义 / 8

　　1.5　研究创新点 / 11

第2章　文献综述与理论基础 / 13

　　2.1　文献综述 / 13

　　2.2　理论基础 / 25

第3章　上市公司环境信息披露影响因素及
　　　　主体博弈分析 / 32

　　3.1　环境信息披露影响因素分析 / 32

　　3.2　环境信息披露参与主体中上市公司与
　　　　政府演化博弈分析 / 36

　　3.3　上市公司环境信息披露多主体
　　　　博弈分析 / 54

　　3.4　本章小结 / 90

第 4 章　上市公司环境信息披露对企业

融资约束的影响　／ 91

4.1　研究假设 ／ 91

4.2　研究设计 ／ 96

4.3　模型设计 ／ 105

4.4　实证结果分析 ／ 108

4.5　稳健性检验 ／ 120

4.6　本章小结 ／ 127

第 5 章　上市公司环境信息披露对企业价值的影响 ／ 129

5.1　研究假设 ／ 129

5.2　研究设计 ／ 133

5.3　模型设计 ／ 136

5.4　实证检验与结果分析 ／ 139

5.5　稳健性检验 ／ 148

5.6　本章小结 ／ 153

第 6 章　研究结论及政策建议 ／ 155

6.1　研究结论 ／ 155

6.2　政策建议 ／ 156

6.3　研究局限性与展望 ／ 159

参考文献 ／ 161

第1章

绪　　论

1.1　研究背景与意义

1.1.1　研究背景

环境事件一再敲响人类的警钟，水污染、土壤污染、大气污染等成为困扰经济社会发展和人们追求美好生活的瓶颈。企业生产经营活动离不开自然环境，但反过来又严重破坏自然环境。随着经济的飞速发展，工业化进程的不断加速，环境污染事件也进入频发期，对人们的生产生活造成极大影响，引起社会的高度关注。长期以来，环境问题一直是关系到全人类可持续发展的重要研究方向，亟须不断更新环境理论来履行社会责任。

企业积极履行环境责任是企业除了经济效益外实现价值最大化的另一途径。生态现代化理论认为，经济效益和环境保护是可以相融的，企业履行环境责任可以与自身的生产经营相结合，选取环保工艺，实现经济与环境的"双赢"。环境信息不同于一般的财务信息，更容易存在信息不对称问题。因此，环境信息披露的目的是降低企业与社会公众间的信息不对称，满足政府和社会公众等社会各界利益相关者对环境信息的需求。企业披露环境信息是企业积极履行环境责任的重要表现之一。

环境信息披露属于环境会计领域，最早被欧洲等西方国家重视，大多数欧洲国家都立法要求企业增强环保方面的投入，并在企业的财务会计报告中向公众进行披露。虽然我国对环境会计引入和研究较晚，但政府及相关部门先后出台的一系列环境信息公开政策有效推动了企业环境责任的履行，加强了社会的监督，使利益相关者更好地了解企业环保相关工作的实施情况。我国证监会最早在 1997 年 1 月发布的《招股说明书的内容和格式（试行）》中对企业环境信息披露作出政策规定，要求上市公司应当披露与企业相关的环境信息。2003 年 9 月，国家环保总局发布第一个针对重污染企业环境信息披露的规范性文件——《关于企业环境信息公开的公告》，公告规定被列入名单的重污染企业强制实施的五项目录和自愿实施的八项目录。随后，环境保护部和证监会分别于 2007 年、2008 年发布《上市公司信息披露管理办法》《深圳证券交易所上市公司信息披露工作考核办法》等相关政策法规，旨在推动企业自愿进行环境信息披露。2010 年，环保部发布《上市公司环境信息披露指南》，明确规定了水泥、煤炭、火电、钢铁、冶金、电解铝、化工、石化、纺织、制革、建材、采矿业、造纸、酿造、发酵和制药等 16 类行业为重污染行业。此外，2016 年 12 月，国务院出台《"十三五"生态环境保护规划》明确提出要建立环保信息强制性披露机制，并处罚未披露信息的企业。2017 年 12 月，为鼓励企业自愿进行环境信息披露，证监会发布《上市公司年报和半年报的内容与格式（2017 修订）》，指出重点排污企业必须披露环境信息，非重点排污企业则执行"不披露就解释"原则。党的十九大报告提出从 2020～2035 年美丽中国目标基本实现，我国的生态环境实现根本好转。

环境信息披露的研究具有难以定量的特点，主要是因为环境信息涉及各个维度，不具有系统、完整的数据库。近年来我国学者对企业环境信息披露的研究逐渐增多，在该领域也取得了很好的研究成果。但是，目前针对上市公司环境信息披露质量研究的文献还比较少，这为本书的研究留下了很大的空间。

1.1.2 研究意义

随着社会公众的环保意识不断提高，企业履行环保义务、承担社会责任已成为社会的共识。本书对企业环境信息披露质量的研究具有较强的理论意义和现实意义。从理论上看，由于缺乏对环境报告内容的标准化、规范化或审计研究，而且披露内容多为自愿披露而非强制执行，因此，每个公司信息披露的内容差距很大，而且质量普遍偏低，缺乏预测性（MacLean & Gottfrid，2000；Wright，1995）。本书基于博弈的相关理论，分析构建企业环境信息披露质量的概念模型，综合评估了 2008～2018 年我国企业环境信息披露质量的时空演进特征，检验了政府政策、企业内部和社会压力对企业环境信息披露质量的影响作用，丰富了企业环境信息公开和环境管理学的基础理论与案例研究成果。

从实践看，首先，相关且可靠的环境信息不仅有助于利益相关者准确识别企业环境信息披露的现状，更为企业环境信息披露战略安排提供决策支撑。本书在总结归纳前人研究成果的基础上，选取企业环境信息披露质量的特征，以完整性、平衡性、准确性和时效性为原则，以环境信息披露战略、环境信息披露内容、环境信息披露的形式、环境信息披露的第三方审计为元素建立企业环境信息披露质量的评价体系。该体系为环境信息披露参与者（主要是企业）的战略选择提供可靠、有力的支撑，也为政府、投资人、债权人、金融机构、社会公众等利益相关者了解企业环境信息披露的特征及问题提供参考标准，进而依此作出相关决策，具有实践意义。其次，有效的环境信息披露政策可以促进企业完善环境信息披露的内容，提高环境信息披露的质量，有效的绿色信贷政策可以促使环境信息披露较好的企业获得更多的银行贷款支持，而环境信息披露较差的企业则获得很少的金融投资。本书利用政策评估的方法识别企业环境信息披露相关政策的有效性，研究企业环境信息披露质量的影响机理，提出政策建议。该评估方法的实践价值在于研究了企业环境信息披露质量的影响因素机理，有助于提升政府环境治理能力，培养企业的环保意识与环境透明度，增强企业社会责任与公信力，使得政府、企业和公众之间和谐发展，减少环境冲突事件发生的概率，对于长期的污染防治具有重要的实践意义。最后，我国股市发展时间较短，股价不稳定，市值起伏较大，主要是投资者大多看重短线交易，没有长远的投资策略所致。企业环境信息披露是信息公开很重要的一部分，在日益受到重视的生态文明建设下，也是衡量企业是否绿色环保、是否具备可持续发展条件的标准之一。一个具有良好环境信息披露质量的企业也会获得银行等金融机构的绿色贷款，拥有更好的金融条件。因此，研究企业环境信息披露质量有助于营造一个长期稳定的市场环境，有利于企业乃至股市的稳定发展。

1.2　研究思路与内容

1.2.1　研究思路

本书遵循"理论框架—影响因素与实证研究—结论及政策建议"的基本思路，研究技术路线如图 1.1 所示。

本书首先基于企业环境信息披露的相关概念界定、评估方法、准则和相关理论基础，构建企业环境信息披露质量的综合评估模型，计算出 2010～2018 年我国重污染行业上市公司环境信息披露质量，进而对全样本、分区域、分行业、分披露内容等不同角度的企业环境信息披露质量时空演进特征进行分析，对我国企业环境信息披露质量近 11 年的发展情况进行全面介绍；然后对我国企业环境信息披露代表性的政策法规进行评估，从政府政策角度分析其对企业环境信息披露质量的影响作用，实证检验企业环境信息披露质量的内部影响因素和社会组织带来的外部影响因素，对我国企业环境信息披露质量的影响因素从政府政策、企业自身和社会三方面进行全面分析；接着从企业环境信息披露质量的经济后果角度出发，对企业环境信息披露质量对真实盈余管理的影响进行研究；最后，得出对我国企业环境信息披露质量研究的结论，围绕结论提出提高我国企业环境信息披露质量的对策和建议。

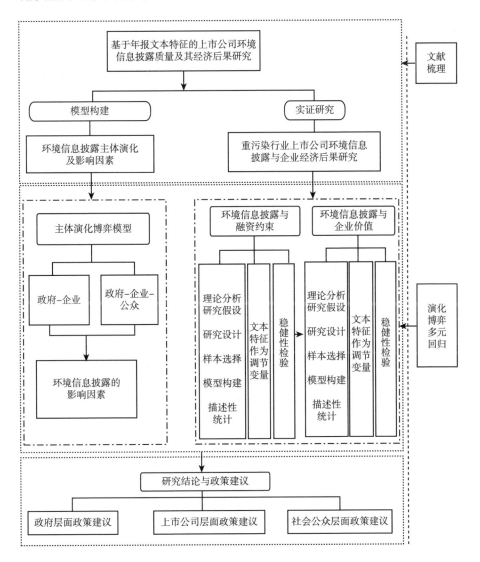

图1.1 本研究的技术路线

1.2.2　研究内容

（1）理论基础和文献综述。该部分对环境信息披露的概念、相关经济后果的由来及概念、公司环境信息披露水平与相关经济后果二者关系的理论基础进行界定，并阐述其中的作用机制和相关的理论基础。

（2）模型构建。该部分首先说明环境信息披露水平、政府、上市公司和公众多主体的博弈关系，接着以上述作用机制和相关理论为基础，提出上市公司环境信息披露相关影响因素，最后建立多元回归模型为下一步研究奠定基础。

（3）实证分析。该部分确定样本数据的选取来源，主要对上市公司环境信息披露水平与融资约束和企业价值之间的相关关系进行实证研究，检验结果是否显著；实证分析内容包括所有变量的描述性统计分析、变量相关性分析、环境信息披露水平与其经济后果的多元回归分析，并进一步分析不同企业特质和企业类型如何影响环境信息披露水平与其经济后果之间的相关关系。

（4）研究结论和对策。这部分主要阐述环境信息披露水平与其经济后果之间关系的研究结论，对完善环境信息披露相关法律法规、提高环境信息披露水平及增强投资者的环境保护意识提出相关建议，最后说明本书研究存在的不足之处。

1.3　研究意义

上市公司是我国经济发展的推动力量，在经营管理、财务制度、信息公开披露等方面应该具有较高的水平。但是，我国大部分重污染行业上市公司环境信息公开披露内容可利用价值较低，主要表现在以下几方面。其一，缺少环境信息披露。个别企业在环境保护规定方面并没有另外公布自身的社会责任报告或环境发展报告，这使得信息使用者难以获得公司的环境信息，造成信息不对称性风险。其二，环境信息公开的内容缺失。企业即使已经披露社会责任报告或环境发展报告，其披露的环境信息主要以文字性描述为主，内容往往是重复的，忽略披露关键的定量信息。环境信息的使用者往往从中得到的有效信息非常有限，这使得社会责任报告难以发挥其本身的作用。其三，公开披露的环境信息内容可信度低。虽然环境保护部门已经建立披露规则，但现阶段重污染行业受外部压力的影响被动地进行环境信息披露，所披露的一些环境信息难以辨别真假，信息使用者相对处于弱势地位。其四，公开披露的环境信息内容缺乏可比较性。所属行业的不同使得上市公司的环境信息披露程度有较大差异。上市公司公开披露环境信息的内容、形式以及环境指标等没有得到统一，且披露的数据多为绝对指标量，缺乏相对指标量，这使得环境信息可比性较差。因此，对环境信息披露水平与其经济后果的相关关系进行实证研究分析具有一定的理论意义和实践意义。

1.3.1　理论意义

目前，国内外学者主要针对环境信息披露水平与企业预期现金流、企业债务成本的关系进行实证研究，还有一些学者从制度建设或公司管理的视角出发研究公司环境信息披露水平的影响因素，但很少有学者探讨公司环境信息披露水平与其经济后果的关系。本书试图通过研究环境信息披露作为公司特质信息被反映在上市公司的股票价格中的程度，总结我国股票市场所体现的信息效率特征。本书的研究将为上市公司经济后果随环境信息披露水平的提高而降低提供的直接证据，补充现有学者对公司环境信息披露水平作用机制的研究。

1.3.2　实践意义

本书的实践意义在于：一是有助于政府部门等监管机构了解我国环境

信息披露水平的现状，从中发现环境保护政策及监管过程中存在的遗漏性问题，进一步完善强制披露环境信息的法律法规，规范上市公司的环境信息披露过程及内容；二是通过研究使公司管理层更明确地了解环境会计信息披露对股价产生的重要影响，使上市公司更清晰地认识到规范披露环境信息的经济性后果，以推动企业更加自觉披露真实可靠的环境信息，增强企业的环境保护意识和社会责任意识，弥补资本市场上资源配置效率低下的缺陷；三是有助于信息使用者获得更多的有效信息，降低投资过程中环境信息不对称性风险，使市场上的资金流向发展前景好的公司，提高资本市场的资金分配和使用效率。

综上所述，随着国家环境保护法规的完善与落实，企业在环境保护方面受到的外部压力加大。目前我国社会公众对上市公司自觉履行环境保护的要求不断提高，上市公司增强自身社会责任和自觉披露环境信息已成为必然的发展趋势。本书从上市公司的环境信息披露现状出发，对上市公司环境信息公开披露水平与其经济后果的相关关系进行研究分析。本书的研究发现有助于利益相关方了解并探讨上市公司环境信息披露水平现状，有利于政府及监管部门提出相应的改进措施，并能够不断增强企业环境保护责任意识，推动绿色经济发展。

1.4　概念与定义

1.4.1　环境信息

2003 年《国家环境保护总局关于企业环境信息公开的公告》明确指出，企业必须公布的环境信息和自愿披露的环境信息，必须公布的环境信息包含环保战略、环保守法、环境管理、废弃物排放总量、环境污染治理、环境违法行为记录等，自愿披露的环境信息包括环境保护荣誉、资源消耗、污染物的排放强度、下一年度的环保目标等。

2010 年环境保护部公布的《上市公司环境信息披露指南》中将环境信息分为应当披露的环境信息和鼓励披露的环境信息两类。应当披露的信息包括：节能减排；环保清洁生产实施情况；造成重大影响的环境事件；在建项目的环境影响评价；污染物排放达标情况；"三废"的处理情况；重点监控企业每个季度公布一次环境监测情况；排污费的缴纳情况；企业环境风险管理体系等。鼓励披露的环境信息包括：高管的经营理念；企业环境保护的目标；员工环保培训；环境管理的组织结构和环境技术开发情况；环境奖励的情况等。

1.4.2　信息披露制度

信息披露制度又被称为信息公开制度，是监管部门管理上市公司所在证券市场活动的重要制度（王从容和李宁，2009）。信息披露制度的出台致力于解决证券市场信息不对称问题，维护金融市场稳定，保护投资者合法权益。世界上最早的信息披露制度是英国发布于 19 世纪 40 年代的《合股公司法》，我国上市公司信息披露制度始于 20 世纪 90 年代国务院发布的《股票发行与交易管理暂行条例》。我国现行的信息披露制度由《中华人民共和国公司法》（以下简称《公司法》）和《中华人民共和国证券法》（以下简称《证券法》）、证监会出台的相关行政法规、部门规章及规范性文件、证券交易所出台的自律性文件等构成。《公司法》和《证券法》是法律层面的；《上市公司信息披露管理办法》等行政法规由证监会出台；上海证券交易所和深圳证券交易所出台自律性文件，如《上海证券交易所股票上市规则》《上市公司与私募基金合作投资事项信息披露业务指引》《上市公司与专业投资机构合作投资》。

本书认为信息披露制度是指上市公司将公司财务经营等情况全面、及时、准确地予以公开，供市场理性地判断证券投资价值，以维护金融市场稳定、维持社会经济有序发展和维护股东及债权人的合法权益的监管手段和法律制度。

1.4.3 企业环境信息披露

企业环境信息披露，又称为企业环境信息公开，是一种全新的管理手段，一般是指负有环境信息披露义务的主体按一定的形式将环境管理、保护、改善、使用等方面的信息公之于众。污染类企业为了自身的利益，会刻意隐瞒政府和公众一些信息，而信息不对称不仅会损害公众的利益，更会对环境造成破坏。对于企业环境信息披露的定义，克鲁兹（Kreuze，1996）把环境信息披露的内容归为：环境法规；环境义务、责任、事故；环境事故的保险赔偿金额；环保策略；环保奖励；环保成本及其构成；节能降耗、废水废气废渣的处理回收；企业生产全过程对环境造成的影响等。1998 年"联合国会计和报告国际准则政府间专家工作组"会议上将环境信息披露的内容归纳为四项，分别是环保成本、环境负债、环境负债和成本的计量标准、环境损害赔偿等其他事项。黄茜（2014）认为，环境信息披露是公司向各利益相关者进行环境报告的环节，包含环境治理措施以及环保成效、环保投资情况、环境负债和环境成本等环境信息。

根据披露形式的差异，企业环境信息披露会出现在年报、社会责任报告、环境报告、说明书、重大事项公告和新闻媒体等渠道中。根据我国环境信息披露现状和已有学者对企业环境信息披露概念的界定，本书提出企业环境信息披露的概念。企业环境信息披露是企业自身根据政府政策要求，适应生态文明建设的时代背景，面向社会公众及媒体等第三方监管机构，在企业年报或社会责任报告中定期强制或自愿披露其生产经营中关于企业环境保护、环境污染排放、环境治理等信息，以及传递企业履行环境保护责任情况的重要方式；也是债权人、投资人、社会公众、银行等金融机构了解企业环境风险、生态文明建设的主要渠道。企业环境信息披露的实施有助于让公众充分地了解、监督和评价企业的污染排放和治理情况，及其造成的环境损失情况，使环保责任履行好的企业得到认可从而提高企业形象，环保责任履行差的企业被迫区别于好的企业，进而治污减排，加强环境保护方面的工作。

1.4.4　企业环境信息披露质量

企业环境信息披露质量是本书研究的重点，学术界尚未有一个明确的定义，目前，环境信息披露质量的研究主要着眼于评价原则和指标内容的选择。企业环境信息披露质量与环境信息披露是不同的，环境信息披露是过程，企业环境信息披露质量是对这个过程的评价。企业环境信息披露质量越高，信息使用者越能合理评估企业的环境风险，越了解企业的环保工作，进而做出正确的决策。

企业环境信息披露质量是对环境信息披露形式、披露内容以及披露程度的评价，具体包括：披露形式是否多样化、易获取；披露内容的选取是否涵盖企业环境信息披露的真实性、显著性、详细性、全面性、平衡性等多个方面；披露程度是否有外部监督，包括政府、社会公众和社会组织的共同监管。企业环境信息披露质量的高低代表着企业环境信息披露水平的高低，质量越高，企业环保工作越完善，社会责任履行越好，对信息使用者的决策越有帮助。

1.5　研究创新点

第一，新的研究视角。本书通过借鉴安泰等（2017）的做法，构建了一套适合本书研究的环境信息披露水平指标评价体系，从环境管理信息、环境负债信息、环境业绩信息及环境支出信息等四个角度得到上市公司的环境信息披露情况。通过将环境信息披露指标值与对应的其经济后果进行建模回归，解决二者相关关系的争议问题。本书的研究内容及结论将有助于利益相关方认识并了解我国环境信息披露存在的关键性问题，有利于解决研究发现的问题。

第二，新的研究方法。我国现有学者对环境信息披露水平的研究还处于初步发展阶段，而对环境信息公开披露的内容研究大多定性分析，缺乏定量分析和实证分析。本书采用个体固定效应模型对环境信息披露水平与其经济后果的相关关系进行估计，能够有效观测上市公司环境信息披露对其经济后果的经济影响的动态性。

第三，新的研究数据。我国现有学者对上市公司披露的环境信息内容主要依靠手动收集数据，包括查找上市公司的年度报告、社会责任报告及环境发展报告等。本书对沪深 A 股 2010～2018 年重污染行业 895 家上市公司环境信息披露内容收集，并按照事先设定的评价标准进行打分，整理出我国重污染行业上市公司环境信息披露水平指标值，得出环境信息披露质量。

第2章

文献综述与理论基础

2.1 文献综述

环境信息披露水平作为衡量企业是否履行环境保护责任的重要性指标之一，受到国内外学者们的共同关注。现有学者对企业环境信息的研究重点主要集中于影响环境信息披露的各种因素及披露环境信息的经济结果，例如结合制度因素、公司治理结构、公司特征、公司绩效及公司负债程度等方面进行研究。王建明（2008）发现，制度因素的差异导致我国重污染行业公司比非重污染行业公司在披露环境信息方面更加透明。张淑慧等（2011）发现，企业提高环境信息披露质量，有利于增加企业自身的未来现金流和提升企业的内在价值。任力等（2017）认为，将企业公开的环境信息仅看成是未来的资金流出信号，不利于提高上市公司的环境披露水平；同时还发现，是公开硬披露信息而非软披露信息对企业价值存在实质性影响。沈洪涛等（2012）从政治学的合法性理论分析监管部门和公众监督对企业提升环境信息披露水平的重要作用，研究发现，加大政府部门的监管力度对提高企业环境信息披露水平有显著成效。倪娟等（2016）从银行将环境信息披露水平作为评估企业或项目环境风险的关键性指标出发,认为公司公开披露环境信息可以降低银企之间的信息不对称风险,这使企业获取低成本的银行贷款。方红星等（2019）的研究结果发现,信息披露制度的不同会对其经济后果的高低产生差异,从而影响资本市场的定价效率;研究还发现,是公司自愿披露信息的行为而非公司被强制性要求披露信息的行为,有助于提高资本市场定价效率。危平和曾高峰（2018）、叶皓昀（2019）、杨旻（2021）等也研究发现环境信息披露的质量与其经济后果之间的关系,公司的环境信息披露质量与股票价格的同步性呈显著正相关关系。

2.1.1 国外相关研究综述

2.1.1.1 企业环境信息披露的内容和方式

企业环境信息披露的范围和侧重点随着环境问题的深入发展在不断变化。在早期,怀斯曼（Wiseman,1982）建立的评价体系包括四方面——经济、环境诉讼、污染整治和其他信息,这一时期主要侧重于污染后的整治问题。国外学者第一次在正式的政府间会议提出环境信息披露问题是在1989年的国际会计和报告标准政府间专家工作组第七次会议上,此后,西方学者们陆续对环境信息披露问题进行了一系列研究。布尔和弗里德曼（Buhr & Freedman,1996）定义环境信息是依据联合国1994年出版的《公司环境报告》,分为管理类、排放类、综合类和法律成本类四种,此时的披露内容已经考虑到更多的方面。1998年联合国国际会计和报告标准政府间专家工作组第15次会议上通过的《环境会计和报告的立场公告》指出,环境负债、环境成本、会计政策和其他组成披露内容。随后,休斯等（Hughes et al,2001）添加了环境递延税费指标,基于怀斯曼（Wiseman,1982）构建的体系。布尔（Buhr,2001）认为与公司生产经营相关的环境问题、责任划分也应披露在年报中。同时,环境风险也被考虑在内（Patten & Trompeter,2003）。随着环境信息披露内容的不断丰富,学术界将更多因素纳入指标内容。图瓦伊尔等（Tuwaijr et al, 2004）研究外部政府监管，即企业是否因违反 10 项联邦环境法律而被罚款。自主性环境行为的内容随着学者们对自愿性环境信息披露研究的深入而被加入。格思里等（Guthrie et al, 2008）针对临时突发的生产事故添加临时性公告，对公众披露直接和间接的生态损失。克拉克森等（Clarkson et al, 2008）为了呈现企业想改善环境的积极愿景，增加了环境战略、员工环境培训和环境管理系统等企业主动性行为。同时，为了直观地显示公司整体利润的变动，有学者在环境责任报告中单独列出环境成本和费用（Patten, 2013）。

企业过去往往仅在年报中披露环境责任信息（Wiseman, 1982；Guthrie, 2008），但维利尔斯和斯坦登（Villiers and Standen, 2007）在随后的研究中发现，越来越多的企业开始采用多种途径披露环境信息，如公司网站、新闻媒体和环境报告。企业社会责任报告比年报披露更多的与利益相关者有关的社会和环境信息（Abeysekera, 2017）。环境报告对于企业来说是必不可少的，因为环境报告将环境问题的道德披露作为企业意识的指标，并且由于环境报告描述了企业的意识，因此环境报告对于企业来说变得非常重要（Sumiani et al, 2007）。从披露方式的多样化角度研究发现，可以在数据式与指标式的披露方式上加以文字、照片、图表等形式来丰富表达（Ahern, 2012）。

2.1.1.2　企业环境信息披露的影响因素

1. 企业规模和年龄

一般来说，相对于规模较小的公司而言，规模较大的公司需要筹集更多的外部资金，因此为了获得投资者和金融机构的青睐，大公司有更多的主观能动性披露环境信息，以减少由于信息不对称带来的交易成本。而且，大公司的多元化经营和透明度容易受到公众的监督和观察。国内外大多数学者的实证研究发现，规模越大的公司趋向于更高的自愿性环境信息披露水平（Brammer & Pavelin, 2006；Tagesson et al, 2009；Mousami et al, 2017）。而且，政府相关部门对大公司的监管更多，因而为了降低政治审查成本和监督压力，大公司会倾向于披露更加完善的环境信息（Cowen et al，1987）；然而，也有学者持相反观点，他们认为公司规模对公司是否披露环境信息没有显著的影响（Katsuhiko & Eriko，2001）。对于公司存续时间的研究中，优斯拉（Yousra，2018）对埃及的 45 家上市公司进行研究发现，公司存续时间与企业环境信息披露呈负相关关系。

2. 企业性质和行业因素

大部分学者得出行业类型对环境信息披露有显著影响（Bayoud et al，2012；Lu & Abeysekera，2015）。通过对中国上市公司 2006 ~ 2008 年环境信息披露数据的研究，王田（2012）发现环境敏感行业以及同行业披露较多环境信息的企业更有可能披露环境信息。但是对七个亚洲国家进行经济绩效和环境可持续的实践双向研究时得出，环境敏感型的企业和国有企业较少披露客观信息，导致环境披露质量较差（Roy & Ghosh，2011）。有种解释是，市场化程度较高的地区会限制环境敏感型企业的发展，所以行业敏感型企业环境信息披露水平较低（王锋正，2010）。

3. 企业负债和盈利水平

企业负债是衡量企业经营成果的一个重要指标，所以研究的结论也不尽相同。一些研究认为，当公司杠杆水平增加时，股东监控需求增加，导致公司增加披露水平（Ferguson et al，2002）；还有一种观点则认为公司不愿成为债权人的关注中心，所以得出二者存在显著的负相关关系（Sembiring，2005）；也有研究表明二者之间不存在相关关系（Permana & Raharja，2012）。委托代理理论认为，公司杠杆是代理人为了提高自己的私人利益而选择的，并不会考虑股东的利益最大化，这是由代理成本决定的，而代理成本源于潜在的利益冲突（Gray et al，1995）。盈利能力被定义为企业经营资产的指标（Juhmani，2014）。基于代理理论，盈利能力被认为是满足股东需求的指标，特别是当 ROE 作为衡量公司绩效的盈利能力指标时（Soltani et al，2015）。大部分学者认为公司盈利水平越高，公司的经营状况就越透明，因此公司的环境信息披露水平越高（George，2013）。但也有学者认为二者呈负相关关系，认为公司盈利水平越高越不愿意向公众披露环境信息，以避免被监督产生的盈利损失（Kathyayini et al，2012）。还有学者发现盈利水平的高低对企业环境信息披露水平没有显著影响（Monteiro，2010）。

4. 企业高管特征

企业高管特征包括高管人口及心理学特征（Petrenko et al，2016）、高管的动机和换届（Deckop et al，2006）。已有研究表明，高管环境感知能力会影响企业环境保护责任的履行（田虹和姜春源，2012）。企业董事会性别多样性对企业环境可持续性的影响不容忽视，相较于男性而言，有研究显示女性高管的参与会显著提高企业的环保意识（徐娟，2017），而且女性高管对社会上发生的环境剥削问题通常更敏感（Michelle & Poh，2017）。同时，女性董事也是一种有效的监督机制，可以降低代理成本，解决管理层和其他利益群体之间的冲突（Velte，2017）。刘易斯等（Lewis et al，2014）研究了企业 CEO 的 MBA 学习经历和法律学习经历对于自愿披露环境信息的态度区别，以二氧化碳排放项目为例，研究发现，拥有 MBA 学习经历的执行董事更倾向于自愿披露环境信息。有学者研究了 35 家企业的战略变革发生的可能性，发现高管中有营销相关职业经历的成员会显著促进该变革（Hambrick，2006）。但也有研究得出，企业的战略选择与高管团队背景特征之间不存在相关关系（Yokota & Mitsuhashi，2008）。

外部因素包括政府、非政府组织、消费者、监督者等的社会压力（Delmas & Toffel，2008），以及企业区位的地理因素、文化因素、种族差异等（Haniffa & Cooke，2005），还有政策法规的影响。有研究比较了美国和加拿大的历史、地理、政治和法律环境，发现两国之间的差异影响人们对环境信息披露的态度（Buhr & Freedman，2001）。民族文化在一定程度上阻碍了社会责任报告中的环境披露，但公司治理可以减轻这种影响（Shayuti，2018）。还有学者研究媒体关注度，认为负面的媒体报道会提高企业环境信息披露水平（Clarkson et al，2008）。关于政府管制与环境信息披露之间关系的研究发现，大型企业面临强大的监管压力并披露更多信息（Kim & Lyon，2011）。政府强制披露对于内部治理较差的企业可以为分析师提供更多的信息，但对于内部治理较好的企业没有影响，也就是说，强制披露等同于公司良好的内部治理（Cormier & Magnan，2014）。国家补贴对企业环境信息披露的影响体现在非国有企业，而对国有企业影响相对较小。这主要因为非国有企业在获取补贴后会更加关注社会责任和声誉，从而提高环境信息披露质量（Lee et al，2017）。对突尼斯证券交易所 2009 ~ 2011 年的 29 家公司的研究得出，第三方审计专业化和四大会计师事务所的监管都提高了自愿性信息披露水平，提升了上市公司的环境会计信息披露质量（Ahmadi & Bouri，2017）。

2.1.1.3 企业环境信息披露的后果

企业环境信息披露制度的发展带来的后果主要划分为两类。一类是制度效果显著促进了经济活动，如改善企业环境绩效、提升企业声誉度、降低融资成本、降低监管成本等。弗罗斯特（Frost，2007）研究了澳大利亚强制环境信息披露政策的实施效果，得出该政策显著提升了企业披露环境信息的数量与质量。埃斯纳（Eisner，2004）研究了美国环境管理制度的变革，发现企业环境绩效得到了明显改善。企业环境信息披露质量的改善也有助于企业环境声誉的提高（Hasseldine et al，2005）。郝亮和杨威杉（2018）认为通过环境信息披露制度，政府可以更好地保护公众的环境知情权，保障公众参与机制的实施。也就是说，披露减少了利益相关者和高级管理人员之间的信息不对称，从而降低了公司操纵环境实践信息的能力，同时也限制了公司对环境责任影响的管理能力（Hassan & Ibrahim，2012），同时，还可以为公司降低潜在的监管成本（Patten & Trompeter，2003）。关于企业盈余管理方面，美国、中国、印度、日本等国家的数据研究表明，企业越是承担社会责任，真实盈余管理活动就越少，盈余质量越可靠（Hong & Andersen，2011）。

另一类是制度的发展带来一些负面影响，如阻碍多样性、引发环境不公、虚增盈余管理等。学者对澳大利亚公司环境报告的研究发现，并不是所有企业都能严格遵守披露制度，制度效果不显著（Cowan & Gadenne，2005）。对法国和美国企业环境信息披露的多样性问题的研究得出，强制性的制度会阻碍多样性的结果（Crawford & Williams，2010）。

通过分析美国 26 年的毒物释放发现，整体毒物释放普遍下降，但在高收入地区更为显著，信息披露引发了环境不公问题（Kalnins & Dowell，2017）。但不是所有行业环境信息披露水平的提高都会降低企业债务成本，如燃气、热力发电、水电企业的环境信息披露水平的提高会增加企业债务成本（Fonseka et al，2019）。也有学者发现盈余管理和企业环境信息披露的正相关关系（Grougiou et al，2014），操纵利润的银行管理层会加强他们的企业社会责任活动，而且高水平环境信息披露的公司往往倾向于虚增盈余（Patten & Trompeter，2003），但是盈余平滑和调减盈余的行为比较少。

2.1.1.4　企业环境信息披露质量评估

美国的社会和环境信息披露的范围在过去十年中有所上升（Bebbington et al，2008）。尽管监管力度很大，但仍有研究人员发现，在年报中应用社会责任环境报告的公司，只是为了反驳对其业务运营的批评，或是为了转变公众对其社会责任履行效果差的形象转变（Giles & Murphy，2016）。

吉尔等（Gill et al，2010）根据亚洲公司治理协会（Asian Corporate Governance Association）2010 年发布的《公司治理观察报告》，发现亚洲的企业社会责任报告数量显著增加，占全球企业社会责任报告的 20% 以上。韦伯（Weber，2014）研究中国的环境报告得出，有 119 家中国企业使用全球报告倡议框架报告其可持续发展绩效，这大约占全球所有报告组织的 4%，亚洲企业社会责任报告呈上升趋势，但与国际标准还有所差异，透明度较低。在环境报告和环境绩效方面，中国日益增长的环境压力和对资源有效利用的需求导致人们的态度发生转变，从单纯的财务目标转变为综合环境风险的增长模式（Noronha，2013）。赵玲和黄昊（2020）关于中国近年来的企业环境信息披露质量的研究发现，企业披露的信息大多容易获取，却很少披露隐性成本；披露方式各不相同，不同公司的信息披露不存在可比性；企业披露的环境会计信息容易忽视其他使用者的信息需求，导致环境会计信息披露不完整。

2.1.2 国内相关研究综述

2.1.2.1 企业环境信息披露的内容和方式

国内对于企业环境信息披露内容的研究起步较晚，早期学者认为环境信息披露的内容应包括环境收益、环境成本、资源价值和环境利润（朱学义，1999）。随后环境支出、环境负债、环境对策方案、环境问题及其影响也被补充进披露报表（耿建新和焦若静，2002）。环境问题的影响主要是针对财务状况和经营后果，企业还应披露环境责任的履行情况（李挚萍，2003）。同时，外部法律环境、会计原则以及企业的环境管理目标也被认为应在环境信息披露的内容中显示（李建发和肖华，2002）。学者还从披露内容类型的角度进行研究，得出定量披露会更加有效，包括环保税收减免、环保在建工程、环保投入和环境绩效信息等的定量披露（胡曲应，2010）。随着国内外环境信息披露政策的不断更新，基于相关政策的披露内容研究也逐渐增多。舒利敏（2014）基于全球报告倡议组织的《可持续发展报告指南》将环境信息分成"硬披露"和"软披露"；"硬披露"是指客观具体且不易被模仿和冒充的信息，包括环境治理结构和管理系统、环境支出等；"软披露"是指容易被模仿的描述性信息，比如环保方针和自发环保行为。

一般来说，环境报告存在补充报告模式和独立报告模式两种，独立报告又可分为具体独立报告式和综合独立报告式（彭培鑫和杜峰，2011）。企业环境披露的信息主要从年报中获得，而越来越多的企业倾向于披露独立报告，但独立报告和年报不是相互补充的，而是相互促进的关系（沈洪涛等，2010）。一般来说，在环境会计不成熟的阶段，可编制单独的或非独立的环境绩效报告（邵毅平和高峰，2004）。林俐（2014）认为环境责任报告应采用独立披露的形式。朱炜等（2019）以 2012～2016 年沪深两市重污染行业上市公司为样本进行研究，得出企业环境表现与定性披露呈负相关，与单独披露程度和定量披露呈正相关，因为定性披露难以核实，环境表现好的企业更愿意披露难以模仿和便于核实的环境信息。

2.1.2.2 企业环境信息披露的影响因素

企业环境信息披露的影响因素研究也是国内开始较早的方面，研究视角主要集中在内、外部因素。内部因素包括企业特征、企业绩效、企业治理、高管特征、股权结构等；外部因素主要是政府监管、机构监管、市场化进程、公共压力、政治关联、传统文化、环境规制、行业竞争属性等。

内部因素中，代表企业特征的企业规模、盈利能力、运营能力、绩效、环境绩效与环境信息披露水平显著正相关，代表所有权结构的股权集中度、流通股比例与环境信息披露水平显著正相关（程隆云等，2011；汤亚丽等，2006；辛敏和王建明，2009；郑若娟，2013；吴红军，2014）。学者通过研究还得出公司治理中的股权特征、董事会特征、监事会特征和高管特征增强了制度对环境信息披露的促进作用（毕茜等，2012）。董秘任期越长，环境信息披露质量越高，企业的财务绩效对二者之间的关系具有显著的负向调节作用（蔡海静和金佳惠，2019）。女性高管的参与有利于提高企业环境信息披露水平，因此，女性高管所占比例越高，公司环境绩效越高（孟晓华等，2012；吴德军，2013）。定期发布环境责任报告也会提升企业环境信息披露质量（郑若娟，2013）。辛敏和王建明（2009）实证研究得出，上市公司资本结构对环境信息披露水平无显著影响。但企业性质和行业性质会对环境信息披露产生影响，国有上市公司和重污染行业上市公司的环境信息披露水平高于非国有和非重污染行业上市公司（吴德军，2011；王建明，2008）。

外部因素中，外部治理水平越高，股权融资成本越低，企业环境信息披露质量越高，也就是政府环境监管力度、行业监管法律能力和媒体监督的提高，可以显著促进环境信息披露降低股权融资成本（叶陈刚等，2015）。进一步研究说明，外部主体对量化环境信息与股权融资成本关系的治理效果更为显著。沈洪涛和冯杰（2012）对206家重污染行业上市公司 2008 ~ 2009 年报进行实证分析，发现舆论监督和政府监管越高，企业环境信息披露水平越高。郑建明和许晨曦（2018）运用双重差分法检验了 2014 年修订的《中华人民共和国环境保护法》（以下简称新《环保法》）对于实际控制人行政级别在厅级及以上的企业的环境信息披露质量提升效果。

2.1.2.3　企业环境信息披露的后果

国内学者对企业环境信息披露后果的研究多集中于资金成本、盈余管理和企业价值。企业环境信息披露质量与企业价值的关系研究中，一部分学者认为完善的企业环境信息披露使得企业在公众中产生良好印象，提升社会形象，预期现金流增加，从而提高企业社会价值，提高股票价值（邹立和汤亚莉，2006；张淑惠等，2011；阳秋林等，2013；游春晖，2014）；而且高质量的环境信息披露能够缓和环保投入与企业价值之间的 U 型关系（唐勇军和夏丽，2019）。另一部分学者研究得出，由于政府监管不力、环保法律法规的不完善、投资者环保意识不强，导致企业环境信息披露情况对企业价值影响不明显（蒋麟凤，2010；杨璐璐和苏巧玲，2013）。还有学者认为企业环境信息披露质量与企业股价之间没有直接相关关系，对股价的解释能力较弱（陈玉清和马丽丽，2005）。

企业环境信息披露质量与资金成本关系的研究中，资金成本包括权益资本成本和融资成本。对企业环境信息披露质量与权益融资成本的关系研究中，有学者采用沪市重污染行业上市公司为样本，得出二者之间呈显著负相关关系（袁洋，2014）。学者对能源产业、建筑业、采矿业以及制造业等 IPO 成功的企业研究发现，企业环境信息披露质量和融资成本也显著负相关（罗党论和王碧彤，2014）。同时，还有学者研究得出企业环境信息披露质量和环境绩效之间的正相关关系（吴红军，2014）。

学术界关于企业环境信息披露质量和企业盈余管理关系的研究结果不一致。有些学者认为环境信息披露制度可以起到约束盈余管理的作用，如陈玲芳（2015）以中国 A 股上市公司数据为样本，发现环境信息披露水平越高，应计盈余管理程度和真实盈余管理程度就越低。姚圣等（2016）研究发现，在2008年我国的《环境信息公开办法》实施后，重污染上市公司的应计盈余管理程度较高时，会减少操纵环境信息披露。也有学者认为环境信息公开质量的提升会加深盈余操纵的程度，唐伟和李晓琼（2015）研究发现，企业高管会战略性地运用社会责任工具来加深企业盈余操纵的空间，因为社会责任的履行可以掩饰或转移公众对盈余管理的关注。

2.1.2.4 企业环境信息披露质量评估

无论在数量上还是质量上，我国企业环境信息披露质量都与发达国家有着明显差距（陶小马和郑莉娜，2013）。耿建新和焦若静（2002）评估了沪市A股部分重污染行业环境信息披露质量，认为其不完整、缺乏相关的规范，且披露内容和格式差异较大。陈玉清和马丽丽（2005）研究电子通信行业78家上市公司的环境信息披露质量，也得出全部披露信息为定性的社会责任信息，缺少定量披露。杨有红和汪薇（2008）对2006年沪市企业内部控制信息披露质量进行评估，发现内控信息披露自愿性披露动机不足、缺少统一的标准。唐国平和李龙会（2011）对湖北省的上市公司进行研究发现，环境信息披露的数量虽然是增加的，但是整体质量是不乐观的。葛晨旭和田国双（2017）对2015年《中国上市公司环境责任信息披露评价报告》中的20家优秀企业进行环境信息披露质量评估，得出不同企业之间报告披露的情况差异很大，参考标准方面不具有横向可比性；第二产业企业的环境信息披露质量较好，金融类企业披露的水平较低；70%的样本企业没有进行第三方验证，缺乏环境审计。

2.1.3 文献述评

从已有成果来看，国内外学者对于企业环境信息披露的影响因素和内涵研究较多，综合现状评价、经济后果、监督机制研究较少，存在三点不足：

一是现有研究多从已有的公司年报和社会责任报告中分析披露相关内容，缺乏从利益相关者的需求角度分析环境信息披露的内容。鉴于公司普遍缺乏有意义的利益相关者参与，大多数公司似乎已经不询问用户需要什么样的环境报告（Villiers et al，2011）。因此，利益攸关方没有根据自己的需要影响报告中提出的内容，这种做法损害了报告的感知相关性（Marquis & Toffel，2011）。尽管信息技术的进步能够使公司调整其环境报告以适应利益攸关方的独特需求，但大多数公司未能利用其网络能力来实现这一目的（Radleyand，2011）。研究显示，大多数利益相关者希望环境信息被强制披露、审计、公布在年报和公司网站，最重要的原因是他们希望通过环境信息披露来衡量公司的环境影响（Hamilton，2012）。危平和曾高峰（2018）对现有企业环境信息披露质量进行评价发现，已披露的信息都是基于过去发生的事件，对未来环境影响的披露很少，缺乏预测价值。所以本书基于企业环境信息披露质量各利益相关者的需求，探讨企业环境信息披露质量综合评价体系的全面性和预测性。

二是现有企业环境信息披露的研究多是基于利益相关者理论、高阶理论、委托代理理论、信号传递理论等，缺乏博弈论为基础的问题研究。且少有的研究也集中于环境会计信息的披露，而不是更加综合的企业环境信息披露的质量，比如，廖华等（2022）研究公司的碳减排成本及其总体排放量时，仅构建了针对环境会计信息的博弈模型。影响企业环境信息披露质量的各个利益相关者之间是多种博弈关系，企业高管和股东、企业和政府、企业和社会公众等都是基于博弈理论进行信息公开。因此，本书基于博弈论的理论基础，探讨重污染上市公司内外部各利益相关方的博弈策略选择，进而研究企业环境信息披露质量的提升路径。

三是现有研究多是对企业环境信息披露水平的披露内容和影响因素的分析，缺乏对企业环境信息披露质量的整体研究；已有研究对企业环境信息披露质量的现状评价也局限于有限年份和有限地域的时间特征分析，缺乏对我国全区域的时空演进特征分析。企业环境信息质量是一个综合的概念体系，不仅是对环境信息披露形式、披露内容的研究，更是对披露程度的评价，以及是否有外部监督，包括政府、社会公众和社会组织的共同监管。我国企业环境信息披露起步较晚，且缺乏监管机制和强制性披露政策，本书旨在全面研究企业环境信息披露质量，从综合评价模型（时空演进分析）到影响因素分析，再到经济后果研究，试图从一个更加全面的角度分析企业环境信息公开。

2.2　理论基础

2.2.1　环境信息披露的概念

环境信息披露指的是上市公司公开企业实行的环保行为，包括企业在经营管理过程中采取的环保措施、企业处理环境污染物的方式等与环境相关的信息传达给外部信息使用者的披露行为。当前，我国对企业披露环境信息内容的要求具体到三个方面。（1）充分性：企业应按照政府等监管部门的要求全面披露环境信息，如环境管理、环境业绩、环保投入、环保支出等各个方面的信息。（2）可比性：不同企业披露环境信息的具体内容和数据计量方式应当具有一定标准，同一企业不同年份公布的环境信息应可以进行比较。可比性使得信息使用者能够对同一企业不同时期的环境信息和对不同企业同一时期的环境信息进行比较，得到企业是否能更好地发展等结论。（3）可靠性：公司披露的环境信息应当真实、客观、中立地反映其与环境相关的各种情况，不会出于对公司自身经济利益的考虑而有所隐瞒或语焉不详。

环境信息公开作为企业披露公司特质性信息的一个重要方面，其披露程度的提高对企业持续高效经营具有非常重要的作用。企业环境信息披露最早开始于环境会计领域的研究，环境会计信息披露是修正了的国民经济核算体系，将自然资源的使用加入评价体系中。同时，环境会计信息披露还要基于微观企业的环境信息披露行为，不仅是企业的利益相关人根据风险、企业生产经营活动、环保法规等衡量企业的经营情况，更重要的是测算企业在环境方面的成果，这些是企业投资决策中不可或缺的重要信息。我国最早于1999年提出企业环境信息披露的探讨，对企业环境信息披露水平的研究已有20多年的时间。早期的企业环境信息披露集中于不同行业上市公司的现状研究、理论构建，方法多采用问卷调查，实证研究也局限于截面数据。2008年环境信息披露法律体系建成（邵瑞庆等，2010），对企业环境信息披露的研究开始明显增多，尤其是2013年，相关文献数量较多。通过中国知网CNKI检索，1999～2021年以"企业环境信息披露"为关键词的文章达1349篇，其中1999年1篇，2005年12篇，2008年33篇，2010年41篇，2013年82篇，2015年112篇，2019年123篇。整体上呈现递增趋势，尤其是2015年文献量首次破百，主要是由于2015年1月1日起实施的新《环保法》提出了企业环境信息披露的要求，强调污染企业要公开污染排放等信息。2015年12月21日，港交所又修订了《ESG报告指引》。上交所、深交所在环境信息披露方面也颁布了相应的通知或指引文件。但整体而言，我国学者对企业环境信息披露的研究深度较为不足，而国外学者对环境信息披露的研究早于国内，从强制性披露到自愿性披露，相比而言成果颇丰。本章首先回顾相关理论基础，然后梳理国内外关于企业环境信息披露的内容和方式、企业环境信息披露的影响因素、企业环境信息披露的经济后果和企业环境信息披露质量评估的文献研究，为本书后续研究提供理论基础和支撑。

2.2.2 价值创造假说

价值创造假说认为，负责任的企业往往会考虑利益相关者的利益以及企业的长期价值，把披露财务报告和非财务报告等高质量信息作为企业自身的社会责任，通过披露与公司基本价值有关的特质性信息，推动企业与利益相关者"沟通效应"的良好实现。公司披露特质性信息有助于将与公司价值相关的信息及时反映到股价中，公司股价不跟随大盘趋势变动，从而降低了利益相关者获取公司特质性信息的成本，提高了股票价格的信息效率和资本市场的资源使用效率。

2.2.2.1 利益相关者理论

最早是 1963 年由斯坦福研究所（Stanford Research Institute）提出现代意义的企业利益相关者概念。迄今为止，利益相关者理论已经成为了经济伦理学中的一个重要范畴。弗里曼（Freeman，1984）提出企业可被理解为关联的利益相关者的集合，利益相关者为企业提供信息与资源，也可以影响企业的利益与合法性权利，企业的管理者需要管理与协调这个群体。当一个经济实质发生时，利益相关者的产生至少有两方（Tagesson et al，2013），怎样解决利益冲突就成了重中之重。因此，企业的环境责任必须满足利益相关者的需求，这是从企业组织的视角分析企业环境信息披露。企业的利益相关者包含任何与企业实现价值相关的人或组织，他们既分享企业的利润，也共同承担企业的风险。企业的生存需要利益相关者的支持，而且利益相关者越有影响力，企业就越会满足它（Ullmann，1985；Roberts，1992）。威尔姆斯赫斯特和弗罗斯特（Wilmshurst & Frost，2000）通过问卷调查研究了澳大利亚 62 位污染行业的财务主管披露的信息与动机一致性问题，结果表明，强势利益相关者即股东的需求是管理层首要考虑的因素。

以重污染行业上市公司为例，将上市公司环境信息披露看作一个整体，其利益关系网涉及企业自身、上下游合作伙伴、消费者、社区、政府、第三方审计和社会公众等三层关系。以公司为中心，第一层关系，从公司内部来看，涉及重污染行业上市公司股东、内部管理层和员工之间的利益竞争、策略选择等，通过健全有效的管理机制，吸引和培养优秀的员工，通过激励机制平衡管理层的收益，为股东赚取丰厚利益。第二层关系，从公司外部来看，涉及消费者和供应商，企业创造优质产品，吸引他们，再将赚取的收益返还给股东，这是一个良性循环。同时，还有第三层关系，企业要接受舆论媒体、社会组织等对其环境责任履行情况的监督，这是企业对社会的回馈，是树立企业形象的一种方式。在上述多层次的关系中，重污染行业上市公司作为信息披露的主体，需要考虑的是如何权衡环境信息披露的内容，以尽可能满足利益相关者的利益诉求。如何平衡环境信息披露带来的成本增加和企业名誉的提高，如何平衡企业自身环境信息披露和竞争企业环境信息披露的内容以及带来的利益。通过利益相关者视角，将经济关系与人的价值判断相结合，来指导公司如何通过维持所有市场参与者的正当利益使自身环境信息披露收益最大化，增加公司公开信息的积极性。从"企业内部—企业外部—社会监督"的思维串联利益相关者，符合企业发展的规律。

2.2.2.2　信号传递理论

在古典经济学理论中，信息的搜寻成本和交易成本为零，但在现实中，市场信息的不对称始终存在（Akerlof，1970）。因此，信号传递理论应运而生，其也是合法性理论的延伸。该理论假设企业所有者掌握了外界投资者不能得到的信息，投资者只能通过管理层传达出来的内部信息来判断企业价值，而传达什么信息出来，则是管理层自身的抉择。财务信息如此，环境信息亦如此。信号传递理论被广泛应用于劳动力市场、股票市场、财务市场等。求职者向不知情的雇主传递信息用以消除信息不对称带来的能力认知欠缺；股价被低估的企业有动机披露更多的信息来获得投资者的青睐等（Spence，1973）。利润宣告、股利宣告和融资宣告都是常见的财务讯号，比如拥有大量高质量投资机会的经理，可以通过股利政策或资本结构的组合向投资者传递信息，这是罗斯（Ross，1973）将信号传递理论应用到财务领域的研究发现。

斯宾塞（Spence，1973）研究的逻辑是无论企业环境绩效表现是好还是差，企业都倾向于完全信息披露，因为隐瞒只会使投资者产生防御心理，比预想的更糟，完全信息披露至少可以将自身和那些环境绩效更糟的企业区分开，进而提升企业价值。但在现实经济活动中，我国证券市场发育并不成熟，政府没有强制要求企业披露哪些环境信息，以及披露的详细程度，在信息不对称的前提下，企业管理层和股东会选择性披露其认为有利于企业发展的环境信息，而投资方只能通过企业传达出来的信息来判断该企业是否具有环境责任的企业，是否要继续追加投资。这就会导致逆向选择和道德风险问题。投资方考虑到企业会隐瞒不好的环境信息，就会着重寻找不可被复制的环境信息，因为环境保护工作做得较好的企业一定会披露一些不可被复制的环境信息，而这会严重影响市场运营。所以，如何从源头让上市公司披露真实有效的环境信息是有待解决的问题。

2.2.2.3 委托代理理论

委托代理理论认为人是以自我利益为中心的，也就是理性经济人假设，青睐于机会主义，因此所有者和管理者之间存在利益冲突，公司管理者有可能为了谋求自己的利益而牺牲股东权益（Ross，1973）。所谓代理问题，是因为委托人和代理人的目标不一致，当委托方和代理方发生冲突时，委托人难以观察和监督代理人的行为，信息不对称导致代理人选择有损委托人利益的行为（Berle & Means，1932）。代理人为了最大化自身的效用水平，追求自身利益最大化，可能损害委托人的利益，即代理人有损害委托人的机会，而委托人无法准确衡量其努力程度与经营成果之间的关系，这就表现为政治上的机会主义和经济上的道德风险与逆向选择问题（Grossman & Joseph，1976）。激励与约束是委托人制衡代理人可能出现问题的方式，可以敦促代理人实现委托人的效益最大化，但是这同时也提高了交易成本。如何降低交易成本，是委托代理理论研究的目标，包括设计激励、监督约束机制，研究风险分担、最优契约安排等（Jensen & Meckling，1976）。

以重污染行业上市公司为例，经营权和所有权相分离的模式会出现委托人（股东）和受托人（管理层）的经济责任关系。股东追求股东利益最大化，而管理层追求业绩，即管理层薪酬最大化，二者存在利益诉求不同带来的矛盾。必要的激励机制和监管机制在公司治理中是不可少的，股东给予管理层一定的股权激励，则可简化二者之间的矛盾。在上市公司环境信息披露中，股东既是管理层的委托人，也是审计机构的委托人。股东委托管理层出具企业社会责任报告，披露企业的环境信息报告，同时也委托会计师事务所等审计机构出具独立无保留意见的审计报告。这种双重委托代理关系在企业环境信息披露中就产生了，影响着企业环境信息披露的质量。

2.2.2.4 博弈理论

博弈论，又称为对策论（game theory），1928 年美国数学家冯·诺伊曼证明了博弈论的基本原理，从而宣告了博弈论的正式诞生。1944 年，诺伊曼（Neumann）和摩根斯坦（Morgenstern）构建了涵盖主体、要素和策略选择的博弈基本框架。同年，摩根斯坦（Morgenstern，1944）论述了在完全信息下博弈理论可以解决经济实质中的利益冲突问题，将博弈论应用到经济领域。1950 ~ 1951 年，纳什（Nash，1954）开始研究非合作博弈，利用不动点定理证实了均衡点的存在，提出了纳什均衡，非合作博弈逐渐发展起来，博弈论实现了里程碑式的发展，如囚徒困境、重复博弈等。随后，加州大学伯克利分校的海萨尼（Harsanyi）提出了不完全信息的博弈，即参与方的合作博弈，并成为首位博弈论专家诺贝尔经济学奖的获得者。海萨尼（Harsanyi，1966）研究参与方如何通过协议、承诺、信息共享甚至威胁来达到最优策略选择，扩展了纳什理论的应用范围。海萨尼（Harsanyi，1982）又提出了"精炼贝叶斯纳什均衡"，将贝叶斯均衡点看作是一个 n 重策略，那么每个局中人的策略均是对其他局中人的 $(n-1)$ 重策略的最佳应对。这一研究克服了局中人信息的复杂性，进一步拓展了博弈论的工具性作用。之后，泽尔滕（Selten，1980）对纳什均衡的不完善性进行了拓展，提出了两个著名的新概念：子博弈完美均衡点（1965）和颤抖手完美均衡点（1975），并扩展了博弈论的应用学科。综上，博弈论主要分为两个对策，两人有限零和对策和非零和对策。前者表示参与博弈的双方各自的决策构成了结果，一个人的得对应另一位的失，二者得失之和为零；后者最具代表性的是纳什均衡，参与博弈人数为 n，每人给出最优策略行为直到组成均衡点，所有人得到效用最大化或损失最小化。

不完全市场中存在信息不对称情况，带来逆向选择和道德风险等问题；利益相关者们利用自身的资源选择最优的策略，这就为多方博弈奠定了基础。上市公司作为企业环境信息披露的主体，占据着主导地位，掌握着大量的信息和披露的主动权；政府、竞争企业、第三方审计机构（社会组织）、社会大众作为利益相关者，分别有各自的职责和判断，且不能有效得到相关信息，这就导致了多方的策略博弈。

第 *3* 章

上市公司环境信息披露影响因素
及主体博弈分析

3.1　环境信息披露影响因素分析

由前文分析可知，在环境信息披露制度发展的过程中，许多因素对企业环境信息披露产生影响。对上市公司环境信息披露制度发展的分析表明，影响上市公司环境信息披露的因素很多。这些因素可以大致分为两个不同的方面：内部因素和外部因素。内部因素是指公司自身层面的特点和行为。例如，公司的规模、行业和管理结构可以影响其披露的环境信息的质量和程度。此外，公司对环境责任的承诺水平、财务业绩和法律义务也会影响其信息披露行为。此外，资源的可获得性，如财政和人力资本以及技术进步和信息系统的水平可以影响公司收集、处理和传播环境信息的能力。而外部因素与公司经营的外部环境有关。这些因素包括环境法规和相关处罚的水平、市场竞争的程度、利益相关者的期望和要求，以及非政府组织和其他外部监督机构的影响。此外，更广泛的社会文化和价值观也会影响上市公司披露的环境信息的范围和质量。

总体而言，建立一个有效的环境信息披露制度需要全面了解内部和外部因素，并确定它们之间的相互关系和动态。这种理解可以为促进环境信息披露的政策和条例提供信息，并鼓励上市公司采取更可持续的做法。

3.1.1　上市公司层面相关影响因素

研究表明，上市公司特征和管理者态度这两方面会在公司层面上对环境信息披露产生影响。其中上市公司特征因素又包含了公司治理结构、公司耗能、产业集聚水平等因素，本研究主要对公司结构优化、公司耗能水平、产业集聚水平、公司管理者的态度（积极高质量环境信息披露和消极低质量环境信息披露）等因素对环境信息披露产生的相关影响机理进行简要阐述，如图 3.1 所示。

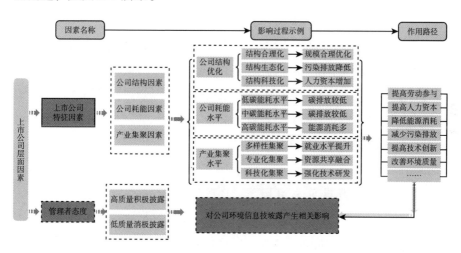

图 3.1　上市公司层面影响因素分析

尽管人们越来越关注公司治理和环境绩效之间的相互作用，但这一领域的研究仍需探讨。到目前为止，大多数研究都集中在公司特征和环境法规等内部因素的影响上，而忽视了公司治理结构对环境信息披露的影响作用。尽管相关研究已经承认公司治理机制的潜在重要性，但这一领域的经验证据仍然有限。鉴于人们日益认识到公司治理在确保可持续商业行为方面的重要性，需要更多地研究它对环境信息披露的影响。未来的研究可以考察具体的公司治理因素，如董事会组成、高管薪酬和股东积极性对环境信息披露的影响，以弥补这一空白。这样的研究揭示了公司治理实践如何影响公司的环境行为，并为设计更有效的治理体系以促进可持续发展的实践提供信息。顾剑华和王亚倩（2021）研究发现，上市公司治理结构变迁具有空间溢出效应，其不仅对本地区环境绿色高质量有显著的促进作用，还可带动邻近地区环境高质量绿色发展的提升；刘赢时等（2018）研究发现上市公司治理结构升级对于上市公司绿色全要素生产率提升具有显著的正向推动作用。此外，还有学者于斌斌（2015）、刘耀彬和熊瑶（2020）、林伯强（2010）等研究发现上市公司治理结构合理化有利于提高劳动生产率等，进而对经济发展产生影响；上市公司治理结构优化有助于提升人力资本水平，进而对居民收入产生影响，优化上市公司结构调整，减少高耗能上市公司和减少重污染行业能源消费等。

目前关于上市公司耗能因素、产业集聚因素等影响上市公司环境信息披露的理论机制尚不完善，同时关于上市公司耗能因素、产业集聚因素等影响因素的研究也较少，所以本研究通过梳理上市公司耗能因素、产业集聚因素等影响效果的相关文献资料，来总结相关上市公司层面的影响因素对上市公司环境新信息披露的影响机理。

3.1.2 政府相关影响因素

研究表明，政府对环境信息披露的影响因素主要包括政府支持力度、政府服务水平、政府相关制度明确程度、政府实施执行的态度等方面。本研究将简要阐述政府支持力度、政府服务水平、环境制度明确程度等影响因素对上市公司环境信息披露发展的影响机理，如图 3.2 所示。

尽管人们对政府在促进可持续商业行为方面的作用越来越感兴趣，但关于这一主题的研究值得深入探讨。大多数研究都集中在公司内部和外部市场层面的因素对上市公司环境信息披露的影响上，而忽略了政府层面因素的潜

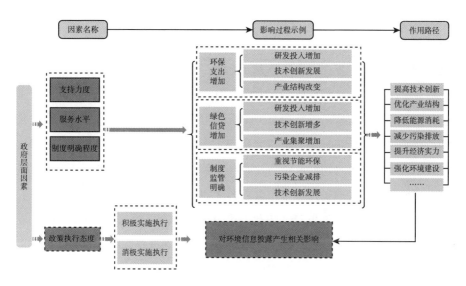

图 3.2 政府层面影响因素分析

在影响，如环境法规、政策和激励措施。尽管一些研究已经承认政府行为在促进环境信息披露方面的潜在重要性，但这方面的经验证据仍然有限。鉴于政府层面的行动在推动可持续发展方面的重要性得到了越来越多的认可，需要对政府对上市公司环境信息披露的影响进行更多的研究。未来的研究可以探讨具体的政府层面的因素，比如，环境法规的严格程度、政府对环境投资的补贴水平以及环境执法机制的有效性等对上市公司的环境信息披露行为的影响。这样的研究可以帮助确定政府层面的行动如何影响公司的环境行为，并为设计更有效的政府政策以促进环境信息披露和可持续发展的做法提供参考。武建新和胡建辉（2018）研究发现，行政化环境规制并不会直接对中国绿色经济增长产生影响。此外，范丹和付嘉为（2021）研究发现，非正式环境规制（污染检测指数发布等）也可以提升上市公司全生产要素，进而诱发上市公司进行绿色创新。张峰和宋晓那（2019）研究发现环境规制对绿色全要素生产率的影响存在差异，市场激励型和群众参与型环境规制对上市公司环境信息披露具有积极促进作用，而命令控制型环境规制不利于未来提高上市公司环境信息披露的程度。刘满凤等（2021）研究发现，环境规制对污染上市公司具有挤出效应。周清香和何爱平（2021）研究发现，环境监管对全要素生产率有正向影响，实施环境监管可以激励企业投资于更高效和可持续的技术，提高其生产力和竞争力；此外，环境法规可以鼓励企业调整其生产流程，以减少浪费和排放，促进生产力的提高；通过激励技术创新和重组生产流程，环境监管可以减少与工业活动相关的负外部性，并促进企业的长期可持续性。李毅等（2020）研究发现，环境规制会通过治污技术进步和生产技术进步对上市公司绿色经济发展产生影响。谢婷婷和刘锦华（2019）研究发现绿色信贷会通过促进上市公司技术进步、改善产业结构和能源结构，对上市公司绿色经济发展产生良性作用。杨林京和廖志高（2022）研究发现，上市公司绿色金融通过调整上市公司结构、促进技术创新、提高经济水平影响上市公司环境信息披露程度。

3.2 环境信息披露参与主体中上市公司与政府演化博弈分析

3.2.1 利益相关者及基本假设

根据前文相关影响因素分析，在当前我国环境信息披露制度背景下的主要利益相关者有上市公司和政府两方面。从上市公司角度来看，上市公司出于对未来可持续发展和政府补贴等的考虑，会选择高质量的环境信息披露，也有可能出于眼前的利益考虑选择低质量的环境信息披露，所以上市公司的策略集为（高质量披露，低质量披露），其中"高质量披露"是指该上市公司进行环境信息披露的信息真实准确且及时全面，"低质量披露"是指该上市公司进行环境信息披露的信息不及时、不真实、不充分。从政府角度来看，政府很可能考虑未来可持续发展战略选择对上市公司进行积极监管，引导上市公司参与到高质量环境信息披露过程中来，当然也有可能担心管理建设成本使得本地区经济实力下降，而选择对上市公司进行消极监管，所以政府监管部门可采用的监督策略集为（积极监管，消极监管）。若采取"积极监管"策略，则一定能发现该公司低质量的环境信息披露；若采取"消极监管"策略，也需要承担该公司低质量环境信息披露所带来的社会损失。又因为主体认知能力有限、主体获取信息可能存在偏差、社会环境复杂等因素，因此，无论是上市公司还是政府，都没有权力选择最佳方式来最大化自身优势；换言之，上市公司和政府只能根据可获得的信息作出最优选择。因此本书假设上市公司和政府双方主体行为是有限理性的。

基于上述分析，结合研究需求及实际情况，本研究进一步作出如下假设：

假设 1：政府监管部门，选择积极监管策略的概率是 x（$0 \leqslant x \leqslant 1$），则消极监管策略的概率是（$1 - x$）；上市公司高质量披露信息的概率为 y（$0 \leqslant y \leqslant 1$），低质量披露的概率为（$1 - y$）。

假设 2：奖惩激励假设。为鼓励上市公司积极参与到高质量环境信息披露的过程中来，假设政府会对积极参与环境信息披露的上市公司给予一定程度财政补贴 R，对消极参与并进行低质量披露的上市公司给予一定程度罚金 S_1。

假设 3：声誉激励假设。上市公司高质量环境信息披露后可获得的社会综合声誉收益为 I_H；政府积极监管上市公司进行环境信息披露，从而获得环境治理后的社会综合声誉收益为 M。

由于参与博弈的主要对象是理性的参与者，学习能力有限，在信息不完全的情况下，双方往往一开始决策时都没有找到最优策略，而是不断推进、演化博弈，不断完善他们的策略，以最大化他们的利润。

3.2.2　模型参数设定及解释

为了明晰相关主体各类策略组合下的收益和损失情况，基于相关文献、实际情况和前文假设，本研究依次设定了相关影响参数，如表 3.1 所示，绘制了相关主体行为策略模型图，如图 3.3 所示，并进一步构建了相关主体不同策略组合下的收益矩阵如图 3.4 所示。

表 3.1　　　　　　　　　　　　主要参数及其含义

参数	含义
C_H	上市公司高质量披露环境信息所需披露成本
C_Z	上市公司高质量环境信息披露后进一步治理所需成本
I_H	上市公司高质量环境信息披露后可获得的社会综合声誉收益
R	上市公司高质量环境信息披露后获得的政府财政补贴
K	政府监管部门选择积极监管需要付出监管成本
M	政府监管部门获得环境治理所带来的社会综合声誉收益
I_L	上市公司选择低质量环境信息披露策略时可以获得额外经济收益
S_1	上市公司需要承担政府监管部门积极监管下的罚金
S_2	上市公司低质量环境信息披露下所需承担的信誉损失
S_3	上市公司低质量环境信息披露给未来业务带来的损失
S_4	上市公司低质量环境信息披露承担的法律诉讼费用
G_Z	政府监管部门承担上市公司因低质量披露环境信息而对社会造成的环境损失
C_L	上市公司低质量披露环境信息所产生的披露成本
H	上市公司低质量环境信息披露下，政府获得牺牲环境而产生的当地经济发展收益
L	政府监管部门消极监管时，上市公司选择高质量积极披露环境信息策略，过度积极行为可能会出现各种问题，对社会造成损失

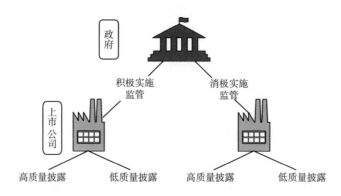

图 3.3　政府－上市公司双方演化博弈模型

上市公司（E）

		高质量披露（y）	低质量披露（$1-y$）
政府（G）	积极监管（x）	$I_H+R-C_H-C_z$；$M-K-R$	$I_L-S_1-S_2-S_3-S_4$；S_1-K-G_Z
	消极监管（$1-x$）	$I_H-C_H-C_z$；$-L$	I_L-C_L；$H-G_Z$

图 3.4　相关主体不同策略组合下的收益矩阵

3.2.3　预期收益函数构建

根据演化博弈理论可知，策略选择的回报大于总体的平均收益时，作为选择的结果，该策略被种群所学习，该过程可以用复制动态方程进行模拟。基于上市公司 - 政府双方博弈的收益矩阵，构建复制动态方程，用以刻画相关主体策略选择演化过程。政府行为策略的期望函数及复制动态方程如下。

政府选择积极监管策略的期望收益函数 U_1：

$$U_1=y(M-K-R)+(1-y)(S_1-K-G_Z) \tag{3.1}$$

政府选择消极监管策略的期望收益函数 U_2：

$$U_2=y(-L)+(1-y)(H-G_Z) \tag{3.2}$$

政府监管部门混合策略的平均期望收益函数 $\overline{U}$：

$$\overline{U}=xU_1+(1-x)U_2 \tag{3.3}$$

政府选择积极监管策略的复制动态方程 $F(x)$：

$$\begin{aligned}F(x)&=\frac{\mathrm{d}x}{\mathrm{d}t}=x(U_1-\overline{U})=x(1-x)(U_1-U_2)\\&=x(1-x)[-H-K+y(H+L+M-R-S_1)+S_1]\end{aligned} \tag{3.4}$$

3.2.4　基于系统演化的稳定性策略

综上所述，根据进化博弈论的原理，上市公司和政府最初很难确定最佳策略和最佳平衡点。这意味着系统在达到均衡之前需要不断地动态调整。此时，策略集为系统整体的进化稳定策略。接下来，本研究将对系统演化的稳定性策略进行分析。

首先，根据相关主体的复制动态方程，构建系统演化系统，如方程组（3.5）所示，求解系统演化的均衡点。

$$
\begin{cases}
F(x) = \dfrac{\mathrm{d}x}{\mathrm{d}t} = x(U_1 - \overline{U}) = x(1-x)(U_1 - U_2) \\
\qquad = x(1-x)\left[-H - K + y(H + L + M - R - S_1) + S_1\right] \\
F(y) = \dfrac{\mathrm{d}y}{\mathrm{d}t} = y(V_1 - \overline{V}) = y(1-y)(V_1 - V_2) \\
\qquad = y(1-y)\left[-C_H + C_L - C_Z + x(R - C_L + S_1 + S_2 + S_3 + S_4) - I_H - I_L\right]
\end{cases}
$$

$$(3.5)$$

分别构建雅可比矩阵 J：

$$
J = \begin{bmatrix} F'(x)_x & F'(x)_y \\ F'(y)_x & F'(y)_y \end{bmatrix}
$$

$$
= \begin{bmatrix}
\begin{array}{l}(1-2x)(-H-K+y(H+L \\ \quad +M-R-S_1)+S_1)\end{array} & x(1-x)(H+L+M-R-S_1) \\[2ex]
\begin{array}{l}y(1-y)(R-C_L+S_1 \\ \quad +S_2+S_3+S_4)\end{array} & \begin{array}{l}(1-2y)(-C_H+C_L-C_Z \\ \quad +x(R-C_L+S_1+S_2+S_3+S_4)+I_H-I_L)\end{array}
\end{bmatrix}
$$

$$(3.6)$$

令复制动态方程 $F(x) = F(y) = 0$，在平面 $M = \{(x,y) \mid 0 \leq x \leq 1,$

$0 \leq y \leq 1\}$ 上，可求得该系统的 5 个均衡点分别为 $E_1(0,0)$、$E_2(0,1)$、

$$E_3(1,0) \text{、} E_4(1,1) \text{、} E_5\left(\frac{C_H - C_L + C_Z - I_H + I_L}{R - C_L + S_1 + S_2 + S_3 + S_4}, \quad \frac{H + K - S_1}{H + L + M - R - S_1} \right).$$

本质上，雅可比矩阵是一个一阶偏导数矩阵，它表示一组变量相对于另一组变量的变化率。雅可比矩阵的判定条件规定雅可比矩阵的行列式必须在坐标系的每一点上非零，这样变换才有效。这个条件保证了变换是一对一且可逆的，并且保持了空间的方向。因此，根据雅可比矩阵均衡稳定点分析的判定条件：如果一点满足 $DetJ > 0$，$TrJ < 0$ 时，推出此点是 ESS 状态，是充分条件；而当一点满足 $DetJ < 0$，$TrJ > 0$ 时，推出此点则为不稳定点。由此判定平衡点 E_5 不处于 ESS 状态，因此不对其进行进一步分析。而 $E_1 \sim E_4$ 处于 ESS 状态。$E_1 \sim E_4$ 的雅可比矩阵行列式和迹如表 3.3 所示。

表 3.2　　　　　　　　　　雅可比矩阵的行列式和迹

平衡点	特征值	行列式	迹
$E_1(0,0)$	$\lambda_{11} = a$、$\lambda_{12} = b$	$\lambda_{11} \cdot \lambda_{12}$	$\lambda_{11} + \lambda_{12}$
$E_2(0,1)$	$\lambda_{21} = -a$、$\lambda_{22} = d$	$\lambda_{21} \cdot \lambda_{22}$	$\lambda_{21} + \lambda_{22}$
$E_3(1,0)$	$\lambda_{31} = c$、$\lambda_{32} = -b$	$\lambda_{31} \cdot \lambda_{32}$	$\lambda_{31} + \lambda_{32}$
$E_4(1,1)$	$\lambda_{41} = -c$、$\lambda_{42} = -d$	$\lambda_{41} \cdot \lambda_{42}$	$\lambda_{41} + \lambda_{42}$

注：$\lambda_{12} = -H - K + S_1 = b$；$\lambda_{21} = C_H - C_L + C_Z - I_H + I_L = -a$；$\lambda_{22} = -K + L + M - R = d$；$\lambda_{31} = R - C_H - C_Z + S_1 + S_2 + S_3 + S_4 + I_H - I_L = c$；$\lambda_{32} = H + K - S_1 = -b$；$\lambda_{41} = -R + C_H + C_Z - S_1 - S_2 - S_3 - S_4 - I_H + I_L = -c$；$\lambda_{42} = K - L - M + R = -d$。

第一种情况：当 $\lambda_{11} \cdot \lambda_{12} > 0$，$\lambda_{11} + \lambda_{12} < 0$，演化博弈模型的演化稳定策略为 $E_1(0,0)$。

第二种情况：当 $\lambda_{21} \cdot \lambda_{22} > 0$，$\lambda_{21} + \lambda_{22} < 0$，演化博弈模型的演化稳定策略为 $E_2(0,1)$。

第三种情况：当 $\lambda_{31} \cdot \lambda_{32} > 0$，$\lambda_{31} + \lambda_{32} < 0$，演化博弈模型的演化稳定策略为 $E_3(1,0)$。

第四种情况：当 $\lambda_{41} \cdot \lambda_{42} > 0$，$\lambda_{41} + \lambda_{42} < 0$，演化博弈模型的演化稳

定策略为 E_4（1，1）。

第五种情况：当 $a > 0$，$b < 0$，$c < 0$，$d > 0$ 或者 $a < 0$，$b > 0$，$c > 0$，$d < 0$ 时，演化博弈模型不存在演化稳定均衡策略。

因此，接下来对第一种情况的几种演化稳定状态进行详细分析。第二、第三及第四种情况的判断方法与第一种情况的判断方法相同。

第 1a 种情况：$a < 0$，$b < 0$，$c < 0$，$d < 0$。表 3.3 给出了政府和上市公司之间博弈均衡点的局部稳定性分析，该情况下，演化博弈的 ESS 是 E_1（0，0），对应的模式是（政府消极监管，上市公司低质量披露）。

表 3.3　　　　　第 1a 种情况演化博弈模型的系统稳定状态分析

平衡点	行列式符号	迹符号	结果	演化图
$E_1(0,0)$	+	−	ESS	
$E_2(0,1)$	−	±	鞍点	
$E_3(1,0)$	−	±	鞍点	
$E_4(1,1)$	+	+	不稳定点	

第 1b 种情况：$a < 0$，$b < 0$，$c > 0$，$d < 0$。表 3.4 给出了政府和上市公司之间博弈均衡点的局部稳定性分析，该情况下，演化博弈的 ESS 为 $E_1(0,0)$，对应的模式是（政府消极监管，上市公司低质量披露）。

表 3.4　　　　　第 1b 种情况演化博弈模型的系统稳定状态分析

平衡点	行列式符号	迹符号	结果	演化图
$E_1(0,0)$	+	−	ESS	
$E_2(0,1)$	+	+	不稳定点	
$E_3(1,0)$	−	±	鞍点	
$E_4(1,1)$	−	±	鞍点	

第 1c 种情况：$a<0$，$b<0$，$c<0$，$d>0$。表 3.5 给出了政府和上市公司之间博弈均衡点的局部稳定性分析，该情况下，演化博弈的 ESS 是 $E_1(0,0)$，对应的模式是（政府消极监管，上市公司低质量披露）。

表 3.5　　　　　　　　第 1c 种情况演化博弈模型的系统稳定状态分析

平衡点	行列式符号	迹符号	结果	演化图
$E_1(0,0)$	+	–	ESS	
$E_2(0,1)$	–	±	鞍点	
$E_3(1,0)$	+	+	不稳定点	
$E_4(1,1)$	–	±	鞍点	

第 1d 种情况：$a<0$，$b<0$，$c>0$，$d>0$。表 3.6 给出了政府和上市公司之间博弈均衡点的局部稳定性分析，该情况下，演化博弈的 ESS 有两个——$E_1(0,0)$ 和 $E_4(1,1)$，分别对应的模式是（政府消极监管，上市公司低质量披露）和（政府积极监管，上市公司高质量披露）。不平衡点 $E_2(0,1)$ 和 $E_3(1,0)$ 以及鞍点 $E_5(x^*,y^*)$ 连接形成的折线是演化博弈模型在不同初始参数情况下收敛的临界线，当初始情况位于 $E_4E_2E_5E_3E_4$ 内时，即系统演化到（政府积极监管，上市公司高质量披露），这是一种

表 3.6　　　　　　　　第 1d 种情况演化博弈模型的系统稳定状态分析

平衡点	行列式符号	迹符号	结果	演化图
$E_1(0,0)$	+	–	ESS	
$E_2(0,1)$	+	+	不稳定点	
$E_3(1,0)$	+	+	不稳定点	
$E_4(1,1)$	+	–	ESS	
$E_5(x^*,y^*)$	–	0	鞍点	

最为理想状态。相反，当初始情况位于 $E_1E_2E_5E_3E_1$ 内时，即系统演化到（政府消极监管，上市公司低质量披露）。

第 1e 种情况：$a>0$，$b<0$，$c<0$，$d>0$ 或 $a<0$，$b>0$，$c>0$，$d<0$。表 3.7 所示，该情况下雅可比矩阵的行列式的值全部为负，所以此时演化博弈模型不存在。

表 3.7　　　　第 1e 种情况演化博弈模型的系统稳定状态分析

平衡点	行列式符号	迹符号	结果	演化图
$E_1(0,0)$	$-$	$\pm$	鞍点	
$E_2(0,1)$	$-$	$\pm$	鞍点	
$E_3(1,0)$	$-$	$\pm$	鞍点	
$E_4(1,1)$	$-$	$\pm$	鞍点	

3.2.5　上市公司环境信息披露情景仿真分析

由前文分析可知，不同情境下的演化稳定策略和演化路径具有异质性，为了更加直观地掌握相关主体博弈过程的演化轨迹和最终的稳定状态，本书利用 Matlab 软件进行数值模拟分析。结合实际情况，本研究依据相关文献并咨询相关专家，设定如下基准参数：$x=0.5$；$H=10$；$K=4$；$L=8$；$M=6$；$R=8$，$S_1=6$；$S_2=2$；$S_3=2$；$S_4=4$；$C_L=4$；$C_Z=5$；$I_H=6$；$I_L=2$；$C_H=6$。

当 C_H 分别取值 6 和 10 时，上市公司高质量披露环境信息所需披露成本 C_H 变化对其演化结果产生的影响如图 3.5 所示。

由图 3.5 可知，上市公司高质量披露信息的初始概率 y 越大，越利于上市公司最终选择高质量披露信息。此外，当 $C_H=6$，$y=0.5$ 时，上市公

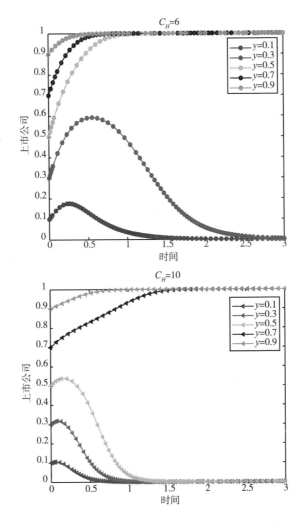

图 3.5　C_H 变化对上市公司演化结果产生的影响

司选择高质量披露信息策略；当 $C_H = 10$，$y = 0.5$ 时，上市公司选择低质量披露信息策略。可见，当固定其他影响因素，C_H 越大即上市公司披露成本越大时，越不利于上市公司选择高质量披露信息策略。

当 C_Z 分别取值 5 和 9 时，上市公司高质量环境信息披露后所需进一步的治理成本 C_Z 变化对演化结果产生的影响如图 3.6 所示。

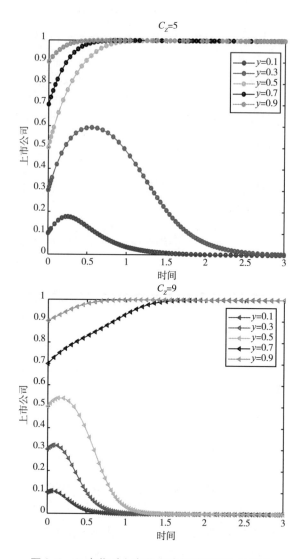

图3.6 C_Z 变化对上市公司演化结果产生的影响

由图3.6可知，当 $C_Z = 5$，$y = 0.5$ 时，上市公司选择高质量披露信息策略；当 $C_Z = 9$，$y = 0.5$ 时，上市公司选择低质量披露信息策略。可见，当固定其他影响因素，C_Z 越大即上市公司披露后所需的进一步治理成本越大时，越不利于上市公司选择高质量披露信息策略。

当 I_H 分别取值6和10时，上市公司环境信息高质量披露后的后续可

获得的综合收益 I_H 变化对演化结果产生的影响如图 3.7 所示。

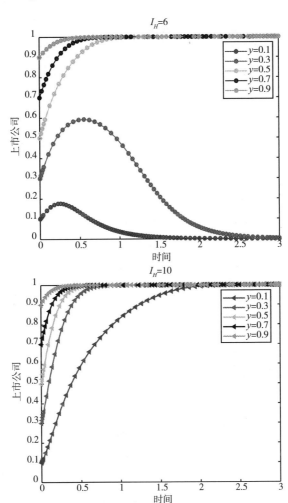

图 3.7　I_H 变化对上市公司演化结果产生的影响

由图 3.7 可知，当 $I_H = 6$，$y = 0.3$ 时，上市公司选择低质量披露信息策略；当 $I_H = 10$，$y = 0.3$ 时，上市公司选择高质量披露信息策略。可见，当固定其他影响因素，I_H 越大即上市公司高质量披露信息后所需获得的综合收益越高，越有利于上市公司选择高质量披露信息策略。

当 R 分别取值 4 和 8 时，上市公司高质量环境信息披露后获得的政府

财政补贴 R 变化对演化结果产生的影响如图 3.8 所示。

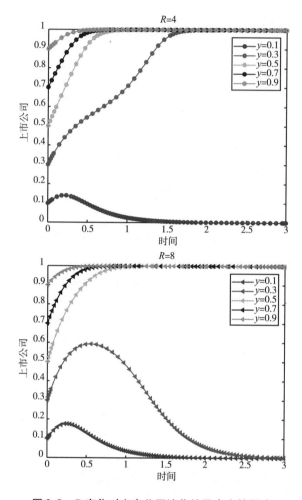

图 3.8　R 变化对上市公司演化结果产生的影响

由图 3.8 可知，当 $R=4$，$y=0.3$ 时，上市公司选择高质量披露信息策略；当 $R=8$，$y=0.3$ 时，上市公司选择低质量披露信息策略。可见，当固定其他影响因素，R 越大即政府提供的财政补贴超出一定限度时，越不利于上市公司选择高质量披露信息策略。

当 I_L 分别取值 2 和 6 时，上市公司选择低质量环境信息披露策略可以获得额外经济收益 I_L 变化对演化结果产生的影响如图 3.9 所示。

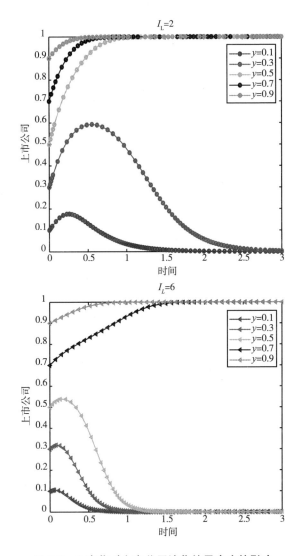

图 3.9　I_L 变化对上市公司演化结果产生的影响

　　由图 3.9 可知，当 $I_L = 2$，$y = 0.5$ 时，上市公司选择低质量披露信息策略；当 $I_L = 6$，$y = 0.5$ 时，上市公司更加会选择低质量披露信息策略。可见，当固定其他影响因素不改变的情况下，I_L 越大，即上市公司选择低质量环境信息披露策略，可以获得额外的经济收益越高时，上市公司就会选择低质量环境信息披露策略，因此也就越不利于上市公司选择高质量披露信息策略。

当 S_1 分别取值 4 和 8 时，上市公司选择低质量环境信息披露需要承担对政府监管部门积极监管下对其罚金 S_1 的变化对演化结果产生的影响如图 3.10 所示。

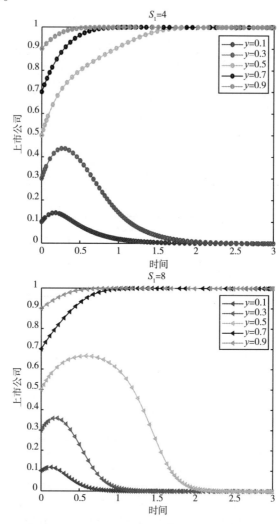

图 3.10　S_1 变化对上市公司演化结果产生的影响

由图 3.10 可知，当 $S_1 = 4$，$y = 0.3$ 时，上市公司选择低质量披露信息策略；当 $S_1 = 8$，$y = 0.3$ 时，上市公司会选择高质量披露信息策略，可见，当固定其他影响因素，S_1 越大即政府监管部门积极监管下对上市公司低质量披露环境信息的罚金越高时，越有利于上市公司选择高质量披露信息策略。

当 S_2 分别取值 2 和 6 时，上市公司低质量环境信息披露下所需承担的信誉损失 S_2 的变化对演化结果产生的影响如图 3.11 所示。

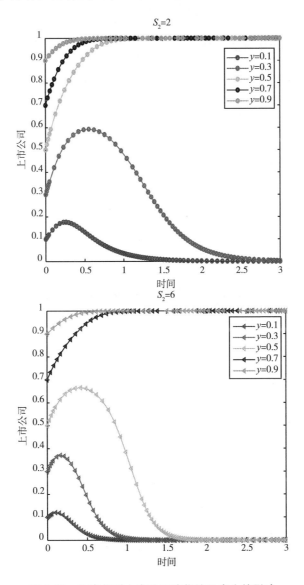

图 3.11　S_2 变化对上市公司演化结果产生的影响

由图3.11可知，当$S_2 = 2$，$y = 0.3$时，上市公司选择低质量披露信息策略；当$S_2 = 6$，$y = 0.3$时，上市公司会选择高质量披露信息策略。可见，当固定其他影响因素，S_2越大即上市公司低质量披露环境信息的承担的信誉损失越高时，越有利于上市公司转向选择高质量披露信息策略。

当S_3分别取值2和6时，上市公司低质量环境信息披露给未来业务带来的损失S_3的变化对演化结果产生的影响如图3.12所示。

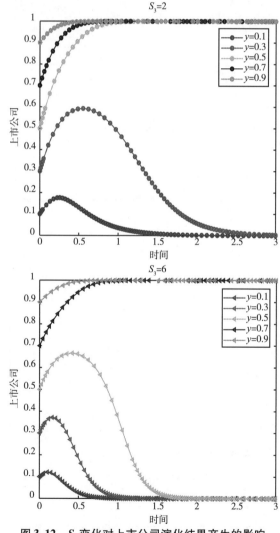

图3.12 S_3变化对上市公司演化结果产生的影响

由图3.12可知，当 $S_3 = 2$ ，$y = 0.3$ 时，上市公司选择低质量披露信息策略；当 $S_3 = 6$ ，$y = 0.3$ 时，上市公司会选择高质量披露信息策略。可见，当固定其他影响因素，S_3 越大即上市公司低质量环境信息披露给其未来业务带来的损失越大时，越有利于上市公司转向选择高质量披露信息策略。

当 S_4 分别取值4和8时，上市公司低质量环境信息披露相关诉讼费用 S_4 的变化对演化结果的影响如图3.13所示。

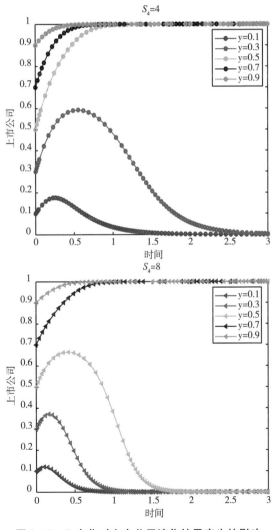

图 3.13　S_4 变化对上市公司演化结果产生的影响

由图 3.13 可知，当 $S_4 = 4$，$y = 0.3$ 时，上市公司选择低质量披露信息策略；当 $S_4 = 8$，$y = 0.3$ 时，上市公司会选择高质量披露信息策略。可见，当固定其他影响因素，S_4 越大即上市公司低质量环境信息披露给上市公司带来的法律诉讼费用的损失越大时，将为上市公司选择高质量的信息披露策略创造越有利的条件。

通过上述分析，对上市公司环境信息披露的情景进行模拟仿真后发现，当上市公司采取高质量的环境信息披露策略，模型演化将达到稳定点。促使上市公司选择高质量环境信息披露的影响因素有以下几方面：

（1）上市公司高质量披露环境信息时成本越大，并且披露环境信息后治理成本越大时越不利于上市公司选择高质量环境信息披露策略；当上市公司进行低质量环境信息披露，可以获得较高额外经济收益时，不利于上市公司选择高质量环境信息披露策略；当政府对上市公司环境信息披露的财政补贴超出一定额度时，不利于上市公司选择高质量披露信息。

（2）上市公司高质量披露环境信息后上市公司综合收益会提高；上市公司低质量披露环境信息的罚金越高、承担的信誉损失越高、带来的法律诉讼费用越大时，越有利于上市公司选择高质量披露信息策略。所以以上市公司的视角，上市公司应从以上几个角度的博弈结果选择环境信息披露的决策，上市公司高质量地披露环境信息至关重要，特别是建立高效可靠的评价上市公司环境信息披露质量技术手段尤为重要。

3.3　上市公司环境信息披露多主体博弈分析

基于前文分析的我国环境信息披露制度存在的不足之处，本节利用三方动态演化博弈模型，探讨影响各利益相关方策略的因素，研究最新的环境信息披露法规政策的激励与相容作用。通过仿真数值模拟来研究各种进化稳定策略、相关渐进稳定性以及参数变化对这些策略产生的有关影响，最终得出上市公司应采取高质量的环境信息披露策略才是最优选择。

3.3.1　基本假设与模型构建

从不完全信息动态博弈的视角构建政府监管部门、上市公司与社会公众间的三方演化博弈模型，分析并求解各博弈主体相互作用过程中策略选择的演化轨迹，并运用 Matlab 软件对不同参数变化后的演化轨迹进行仿真，并对仿真结果进行对比分析，提出相应的环境信息披露动因。

3.3.1.1　基本假设

该模型的参与博弈三方主体分别是政府监管部门、上市公司和社会公众。参与主体并不完全理性，因为各参与主体不可能准确无误地获取、分析和使用完整的信息，参与主体以最大化自身的利益为出发点进行博弈决策。因此，博弈三方主体都具有有限理性，并且同时行动，通过选择策略以追求最大化自己的效用水平。为简化研究，假设在环境信息披露的过程中除政府监管部门、上市公司和社会公众外没有其他决策主体参与，外部社会环境也不会发生影响性的改变，且三方主体可能采用的策略均为两种。

假设 1：上市公司的策略集是（高质量披露，低质量披露）。"高质量披露"是指上市公司进行环境信息披露，且保证及时、真实、充分；"低质量披露"是指上市公司不进行环境信息披露，或者未及时、真实、充分地披露。

政府监管部门的策略集是（积极监管，消极监管）。"积极监管"是指一定能发现该上市公司低质量的环境信息披露，"消极监管"是指需要承担该公司低质量环境信息披露所带来的社会损失。

社会公众参与可以选择参与环境信息披露行动，也可以选择不参与，因此社会公众的策略集为（参与，不参与）。"参与"指社会公众选择积极参与监督政府和上市公司的环境信息披露情况，"不参与"指社会公众选择不参与监督活动。

假设 2：政府监管部门、上市公司及社会公众各方采取的策略直至达到演化稳定均衡状态前都在根据其他方的变化不断调整，整个系统的博弈过程是动态且反复进行的。

假设 3：政府监管部门选择积极监管策略的概率是 x（$0 \leqslant x \leqslant 1$），消极监管策略的概率是（$1-x$）；上市公司高质量披露信息的概率为 y（$0 \leqslant y \leqslant 1$），低质量披露的概率为（$1-y$）；社会公众参与监督行动的概率为 z（$0 \leqslant z \leqslant 1$），不参与监督行动的概率为（$1-z$）。

假设 4：上市公司管理层对环境信息进行低质量披露成本为 C_L，上市公司高质量披露环境信息所需披露成本为 C_H，显然 $C_H > C_L > 0$。

假设 5：政府监管部门选择积极监管，监管成本为 K，若查实上市公司进行低质量披露环境信息，则会对上市公司进行惩罚，设惩罚金额为 S_1，对社会公众进行奖励，奖励金额为 A_W。相关符号含义如表 3.8 所示。

表 3.8 变量符号及设置

符号	说明
C_H	上市公司高质量披露环境信息所需披露成本
C_Z	上市公司高质量环境信息披露后进一步治理所需成本
I_H	上市公司高质量环境信息披露后可获得的综合收益
R	上市公司高质量环境信息披露后获得的政府财政补贴
C_L	上市公司对环境信息进行低质量披露所需的披露成本
S_1	上市公司需要承担对政府监管部门积极监管下的罚金
S_2	上市公司低质量环境信息披露下所需承担的信誉损失
S_3	上市公司低质量环境信息披露给未来业务带来的损失
S_4	上市公司低质量环境信息披露承担的法律诉讼费用
I_L	上市公司选择低质量环境信息披露时可以获得额外经济收益
H	上市公司低质量环境信息披露下我国政府获得牺牲环境而产生的当地经济发展收益
G_Z	政府监管部门承担上市公司因低质量披露环境信息而对社会造成的环境损失成本
K	政府监管部门选择积极监管需要付出监管成本
M	政府监管部门获得环境治理所带来综合收益

续表

符号	说明
A_W	政府对社会公众参与监督活动行为进行奖励
L	政府监管部门消极监管时，上市公司选择高质量积极披露环境信息策略，过度积极行为可能会出现各种问题，对社会造成损失
B_Z	社会公众监督检举公司低质量披露，政府获得的罚款补偿
S_P	上市公司低质量披露给公众带来的损失
C_J	社会公众参与环保监督必将承担一定数额的环境监督成本，如举报取证所付出的成本等
B_G	社会公众监督检举公司低质量披露，公众获得的检举补偿

3.3.1.2　政府监管部门、上市公司及社会公众三方博弈模型

通过上述假设，分析政府监管部门、上市公司及社会公众三方主体在博弈系统中的风险偏好及损失规避程度，构建三方主体间的演化博弈模型。分析政府监管部门、上市公司及社会公众采取不同的策略组合，共有8种情景。

（1）情景一：政府部门采取积极的监管策略，上市公司采取高质量环境信息披露策略，社会公众积极参与监督活动。

此时，政府部门的收益成本函数 $A_1 = M - K - R - A_W$ 由以下内容构成：政府监管部门获得环境治理所带来综合收益；政府监管部门采取积极监管策略时，获得环境治理所带来综合收益，同时政府监管部门需要付出监管成本支出和对上市公司高质量披露后的财政补贴；以及对社会公众参与监督活动的奖励。对于上市公司来说，其收益 $B_1 = I_H + R - C_H - C_Z$ 由以下内容构成：上市公司获得了高质量披露环境信息后的综合收益，以及相关的政府财政补贴；同时也付出了高质量披露环境信息所需披露成本及进一步治理所需成本。

对于社会公众来说，其收益为 $C_1 = A_W - C_J$，他们可以获得因积极参与环境信息披露监督活动而得到的政府奖励，但是同时也要付出对上市公

司环境信息披露活动监督举报成本。

（2）情景二：政府部门采取积极的监管策略，上市公司采取高质量环境信息披露策略，社会公众不参与环境信息披露活动。

此时，政府部门的收益成本函数 $A_2 = M - K - R$ 由以下内容构成：政府监管部门获得积极监管环境治理所带来综合收益；我国政府监管部门选择积极监管需要付出监管成本支出；以及对高质量披露环境信息的上市公司的财政补贴。对于上市公司来说，其收益 $B_2 = I_H + R - C_H - C_Z$ 由以下内容构成：上市公司获得了高质量披露环境信息的综合收益，以及相关的政府财政补贴；同时也付出了高质量披露环境信息所需披露成本及进一步治理所需成本。

（3）情景三：政府部门采取积极的监管策略，上市公司却采取低质量环境信息披露策略，而社会公众积极参与环境信息披露活动。

此时，政府部门的收益成本函数 $A_3 = B_1 + S_1 - K - G_Z - A_W$ 由以下内容构成：政府监管部门因社会公众监督检举上市公司低质量披露而获得的罚款补偿；政府监管部门收取的上市公司低质量披露环境信息的罚金；政府监管部门选择积极监管需要付出的监管成本支出；政府部门因上市公司低质量披露而对社会造成的损失；以及对社会公众参与监督活动行的奖励。对于上市公司来说，其收益 $B_3 = I_L - S_1 - S_2 - S_3 - S_4 - B_1 - B_3$ 由以下内容构成：上市公司选择低质量环境信息披露时可以获得额外经济收益；但是上市公司需要承担政府监管部门积极监管下的罚金，相关的信誉损失，给未来业务可能带来的损失，相关的法律诉讼费用，因社会公众监督检举上市公司低质量披露而政府获得的罚款补偿，社会公众监督检举上市公司低质量披露而得到的补偿。对于社会公众来说，其收益为 $C_3 = B_3 + A_W - C_J - S_p$，他们可以获得因积极参与环境信息披露监督活动政府给予的奖励，以及社会公众监督检举公司低质量披露而获得的公司给予的补偿；但是也要付出监督举报成本，同时还要承担因上市公司低质量披露给社会公众带来的损失。

（4）情景四：政府部门采取积极的监管策略，上市公司却采取低质量环境信息披露策略，而社会公众不参与环境信息披露活动。

此时，政府部门的收益成本函数 $A_4 = S_1 - K - G_z$ 由以下内容构成：政府监管部门积极监管下对上市公司低质量环境信息披露给予的罚金收益；政府监管部门选择积极监管需要付出监管成本；政府监管部门承担上市公司因低质量披露环境信息而对社会造成的环境成本。对于上市公司来说，其收益 $B_4 = I_L - S_1 - S_2 - S_3 - S_4$ 由以下内容构成：上市公司选择低质量环境信息披露时可以获得额外经济收益；但是上市公司需要承担对政府监管部门积极监管下对低质量披露环境信息的罚金，承担信誉损失成本，给未来业务带来的损失成本，以及法律诉讼费用。对于社会公众来说，其收益为 $C_4 = -S_p$，公众不参与环境信息披露监管活动，则上市公司低质量披露则不会给公众带来损失。

（5）情景五：政府部门采取消极的监管策略，上市公司采取高质量环境信息披露策略，社会公众积极参与环境信息披露活动。

此时，政府部门的收益成本函数为 $A_5 = -L$，政府监管部门消极监管，而上市公司选择高质量积极披露环境信息策略时，过度积极行为可能会出现各种问题，对社会造成损失。对于上市公司来说，其收益 $B_5 = I_H - C_H - C_z$ 由以下内容构成：上市公司获得了高质量披露环境信息的后续可获得的综合收益，同时也付出了高质量披露环境信息所需披露成本及进一步治理所需成本。对于社会公众来说，其收益为 $C_5 = -C_J$，社会公众参与环保监督必将承担一定数额的环境监督成本，如举报取证所付出的成本等费用。

（6）情景六：政府部门采取消极的监管策略，上市公司采取高质量环境信息披露策略，社会公众不参与环境信息披露活动。

此时，政府部门的收益成本函数为 $A_6 = -L$，政府监管部门消极监管，而上市公司选择高质量积极披露环境信息策略时，过度积极行为可能会出现各种问题，对社会造成损失。对于上市公司来说，其收益 $B_6 = I_H - C_H - C_z$ 由以下内容构成：上市公司获得了高质量披露环境信息的后续可获得的综合收益，同时也付出了高质量披露环境信息所需披露成本及进一步治理所需成本。对于社会公众来说，其收益 $C_6 = 0$。

（7）情景七：政府部门采取消极的监管策略，上市公司采取低质量环境信息披露策略，社会公众积极参与环境信息披露活动。

此时，政府部门的收益成本函数 $A_7 = B_1 + H - G_Z$ 由以下内容构成：政府监管部门因社会公众监督检举上市公司低质量披露而获得的罚款补偿，上市公司低质量环境信息披露下政府获得的因牺牲环境而产生的收益，政府监管部门承担上市公司因低质量披露环境信息而对社会造成的环境损失成本。对于上市公司来说，其收益 $B_7 = I_L - C_L - B_1 - B_3$ 由以下内容构成：上市公司选择低质量环境信息披露时可以获得额外经济收益，支付低质量披露所需的披露成本；同时因社会公众监督检举要支付政府罚款补偿，以及公众获得的补偿成本。对于社会公众来说，其收益 $C_7 = B_3 - C_J - S_p$ 由以下内容构成：社会公众监督检举公司低质量披露时可获得补偿收益，社会公众参与环保监督必将承担一定数额的环境监督成本如举报取证所付出的成本等费用，以及因上市公司低质量披露给公众带来的损失成本。

（8）情景八：政府部门采取消极的监管策略，上市公司采取低质量环境信息披露策略，社会公众不参与环境信息披露活动。

此时，政府部门的收益成本函数 $A_8 = H - G_Z$ 由以下内容构成：上市公司低质量环境信息披露下政府监管部门消极监管，政府从而获得牺牲环境而产生的当地经济发展收益；同时政府监管部门承担上市公司因低质量披露环境信息而对社会造成的环境损失成本。对于上市公司来说，其收益 $B_8 = I_L - C_L$ 由以下内容构成：上市公司选择低质量环境信息披露时可以获得额外经济收益，并支付低质量披露所需的披露成本。对于社会公众来说，其收益 $C_8 = -S_p$，由于不参加相关环境信息披露活动，因此上市公司低质量披露给公众带来了收益。

为了明晰相关主体各类策略组合下的收益和损失情况，基于相关文献、实际情况和前文假设，本研究依次设定相关影响参数进一步构建了相关主体不同策略组合下的收益矩阵（见图 3.14）。

	A. 政府积极监管（x）		
	上市公司高质量披露（y）		
	政府	上市公司	公众
公众参与 （z）	$A_1 = M - K - R - A_W$	$B_1 = I_H + R - C_H - C_Z$	$C_1 = A_W - C_J$
公众不参与 （$1-z$）	$A_2 = M - K - R$	$B_2 = I_H + R - C_H - C_Z$	$C_2 = 0$
	上市公司低质量披露（$1-y$）		
	政府	上市公司	公众
公众参与 （z）	$A_3 = B_1 + S_1 - K - G_Z - A_W$	$B_3 = I_L - S_1 - S_2 - S_3 - S_4 - B_1 - B_3$	$C_3 = B_3 + A_W - C_J - S_p$
公众不参与 （$1-z$）	$A_4 = S_1 - K - G_Z$	$B_4 = I_L - S_1 - S_2 - S_3 - S_4$	$C_4 = -S_p$
	B. 政府消极监管（$1-x$）		
	上市公司高质量披露（y）		
	政府	上市公司	公众
公众参与 （z）	$A_5 = -L$	$B_5 = I_H - C_H - C_Z$	$C_5 = -C_J$
公众不参与 （$1-z$）	$A_6 = -L$	$B_6 = I_H - C_H - C_Z$	$C_6 = 0$
	上市公司低质量披露（$1-y$）		
	政府	上市公司	公众
公众参与 （z）	$A_7 = B_1 + H - G_z$	$B_7 = I_L - C_L - B_1 - B_3$	$C_7 = B_3 - C_J - S_p$
公众不参与 （$1-z$）	$A_8 = H - G_z$	$B_8 = I_L - C_L$	$C_8 = -S_p$

图 3.14　政府、上市公司及公众间三方博弈收益支付矩阵

　　基于"政府—上市公司—居民"三方博弈的收益矩阵，本书构建了政府、上市公司和居民行为策略的复制动态方程，用以刻画相关主体策略选择演化过程。

（1）政府行为策略的期望函数及复制动态方程。

我国政府选择积极监管策略的预期收益为 U_1：

$$U_1 = yzA_1 + y(1-z)A_2 + (1-y)zA_3 + (1-y)(1-z)A_4 \qquad (3.7)$$

我国政府选择消极监管策略的预期收益为 U_2：

$$U_2 = yzA_5 + y(1-z)A_6 + (1-y)zA_7 + (1-y)(1-z)A_8 \qquad (3.8)$$

我国政府的平均预期收益为 $\overline{U}$：

$$\overline{U} = xU_1 + (1-x)U_2 \qquad (3.9)$$

对应的复制微分方程为：

$$F(x) = \frac{\mathrm{d}x}{\mathrm{d}t} = x(U_1 - \overline{U}) = x(1-x)(U_1 - U_2)$$

$$= x(1-x)(-H - K - zA_W + y(H + L + M - R - S_1) + S_1) \qquad (3.10)$$

当 $z = 0 = \dfrac{-H - K + y(H + L + M - R - S_1) + S_1}{A_w}$ 时，x 取任何值，此时博弈模型都是稳定状态。当 $z \neq 0$ 时，令 $F(x) = 0$，可得 $x = 0$，$x = 1$ 为政府的两个稳定状态。由公式（3.10）求得：$F'(x) = (1-2x)(-H - K - zA_W + y(H + L + M - R - S_1) + S_1)$。

推论1：由演化博弈稳定策略相关定理可知，$F(x) = 0$ 且 $F'(x) < 0$ 为政府的演化稳定策略。当 $z < 0$ 时，$F'(x)_{x=0} > 0$，$F'(x)_{x=1} < 0$，此时 $x = 1$ 为政府的稳定状态，因此政府倾向于选择积极监管策略；相反，当 $z > 0$ 时，$F'(x)_{x=0} < 0$，$F'(x)_{x=1} > 0$，此时 $x = 0$ 为政府的稳定状态，因此政府倾向于选择消极监管策略。

综上可知，$-H - K - zA_W + y(H + L + M - R - S_1) + S_1 = 0$，政府复制动态相位图如图3.15所示。

图3.15中，平面 $U_1 - U_2 = 0$ 将空间分为两个部分。当 $z < 0$ 时，演化博弈模型的初始状态位于 $V_{U\mathrm{I}}$ 内，政府经过动态演化最终的行为策略为积极监管；相反，当 $z > 0$ 时，演化博弈模型的初始状态位于 $V_{U\mathrm{II}}$ 内，政府经

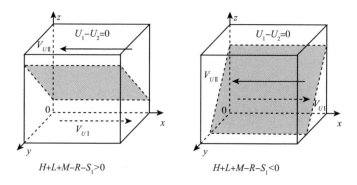

$$H+L+M-R-S_1>0 \qquad\qquad H+L+M-R-S_1<0$$

图 3.15　政府的复制动态相位图

过动态演化最终的行为策略为消极监管。

（2）上市公司行为策略的期望函数及复制动态方程。

上市公司选择高质量披露的收益为 V_1：

$$V_1 = xzB_1 + x(1-z)B_2 + (1-x)zB_5 + (1-x)(1-z)B_6 \qquad (3.11)$$

上市公司选择低质量披露的收益为 V_2：

$$V_2 = xzB_3 + x(1-z)B_4 + (1-x)zB_7 + (1-x)(1-z)B_8 \qquad (3.12)$$

上市公司的平均预期收益 $\overline{V}$：

$$\overline{V} = yV_1 + (1-y)V_2 \qquad (3.13)$$

对应的复制微分方程为：

$$\begin{aligned}
F(y) = \frac{\mathrm{d}y}{\mathrm{d}t} &= y(V_1 - \overline{V}) = y(1-y)(V_1 - V_2) \\
&= y(1-y)(zB_1 + zB_3 - C_H + C_L - C_z + x(R - C_L + \\
&\quad S_1 + S_2 + S_3 + S_4) + I_H - I_L)
\end{aligned} \qquad (3.14)$$

当 $z = P = \dfrac{-x(R - C_L + S_1 + S_2 + S_3 + S_4) + C_H - C_L + C_z - I_H + I_L}{B_1 + B_3}$ 时，y

取任何值，此时博弈模型都是稳定状态。当 $z \neq P$ 时，令 $F(y) = 0$，可得 $y = 0$，$y = 1$ 为上市公司的两个稳定状态。

由公式（3.14）求得：$F'(y) = (1 - 2y)(zB_1 + zB_3 - C_H + C_L - C_Z + x(R - C_L + S_1 + S_2 + S_3 + S_4) + I_H - I_L)$。

推论2：由演化博弈稳定策略相关定理可知，$F(y) = 0$ 且 $F'(y) < 0$ 为上市公司的演化稳定策略。当 $z > P$ 时，$F'(y)_{y=0} > 0$，$F'(y)_{y=1} < 0$，此时 $y = 1$ 为上市公司的稳定状态，因此上市公司倾向于选择高质量披露策略；相反，当 $z < P$ 时，$F'(y)_{y=0} < 0$，$F'(y)_{y=1} > 0$，此时 $y = 0$ 为上市公司的稳定状态，因此上市公司倾向于选择低质量披露策略。

综上可知，$zB_1 + zB_3 - C_H + C_L - C_Z + x(R - C_L + S_1 + S_2 + S_3 + S_4) + I_H - I_L = 0$。上市公司复制动态相位图如图 3.16 所示。

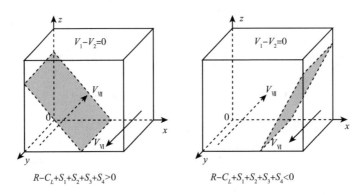

图 3.16　上市公司的复制动态相位图

图 3.16 中，平面 $V_1 - V_2 = 0$ 将空间分为两个部分。当 $z > P$ 时，演化博弈模型的初始状态位于 V_{VI} 内，上市公司经过动态演化最终的行为策略为高质量监管；相反，当 $z < P$ 时，演化博弈模型的初始状态位于 V_{VII} 内，上市公司经过动态演化最终的行为策略为低质量监管。

（3）公众行为策略的期望函数及复制动态方程。

公众选择参与的预期收益为 W_1：

$$W_1 = xyC_1 + x(1 - y)C_3 + (1 - x)yC_5 + (1 - x)(1 - y)C_7 \quad (3.15)$$

公众选择不参与的预期收益为 W_2：

$$W_2 = xyC_2 + x(1 - y)C_4 + (1 - x)yC_6 + (1 - x)(1 - y)C_8 \quad (3.16)$$

公众的平均预期收益 $\overline{W}$：

$$\overline{W} = zW_1 + (1-z)W_2 \qquad (3.17)$$

对应的复制者微分方程为：

$$F(z) = \frac{\mathrm{d}z}{\mathrm{d}t} = z(W_1 - \overline{W}) = z(1-z)(W_1 - W_2)$$

$$= z(1-z)(xA_W + B_3 - yB_3 - C_J) \qquad (3.18)$$

当 $y = Q = \dfrac{xA_W + B_3 - C_J}{B_3}$ 时，z 取任何值，此时博弈模型都是稳定状态。当 $y \neq Q$ 时，令 $F(z) = 0$，可得 $z = 0$，$z = 1$ 为社会公众的两个稳定状态。

由公式（3.18）求得：$F'(z) = (1-2z)(xA_W + B_3 - yB_3 - C_J)$。

推论3：由演化博弈稳定策略相关定理可知，$F(z) = 0$ 且 $F'(z) < 0$ 为社会公众的演化稳定策略。当 $y < Q$ 时，$F'(z)_{z=0} > 0$，$F'(z)_{z=1} < 0$，此时 $z = 1$ 为社会公众的稳定状态，因此社会公众趋向于选择参与策略；相反，当 $y > Q$ 时，$F'(z)_{z=0} < 0$，$F'(z)_{z=1} > 0$，此时 $z = 0$ 为社会公众的稳定状态，因此社会公众趋向于选择不参与策略。

综上可知，社会公众复制动态相位图为 $xA_W + B_3 - yB_3 - C_J = 0$。如图 3.17 所示。

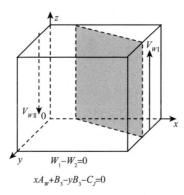

图3.17　社会公众复制动态相位图

图 3.17 中，平面 $W_1 - W_2 = 0$ 将空间分为两个部分。当 $y < Q$ 时，演化博弈模型的初始状态位于 V_{W1} 内，社会公众经过动态演化最终的行为策略为参与策略；相反，当 $y > Q$ 时，演化博弈模型的初始状态位于 V_{W} 内，社会公众经过动态演化最终的行为策略为不参与策略。

（4）综上，求得复制者方程组为：

$$\begin{cases} F(x) = \dfrac{\mathrm{d}x}{\mathrm{d}t} = x(1-x)\left(-H-K-zA_W+y(H+L+M-R-S_1)+S_1\right) \\[2mm] F(y) = \dfrac{\mathrm{d}y}{\mathrm{d}t} = y(1-y)(zB_1+zB_3-C_H+C_L-C_Z \\[2mm] \qquad\qquad +x(R-C_L+S_1+S_2+S_3+S_4)+I_H-I_L) \\[2mm] F(z) = \dfrac{\mathrm{d}z}{\mathrm{d}t} = z(1-z)(xA_W+B_3-yB_3-C_J) \end{cases}$$

基于演化博弈稳定策略相关定理，稳定性条件需满足 $F(x) = F(y) = F(z) = 0$，并根据已有研究可知，分析以下 8 个均衡点 $E_1 = (0,0,0)$、$E_2 = (0,0,1)$、$E_3 = (0,1,0)$、$E_4 = (1,0,0)$、$E_5 = (0,1,1)$、$E_6 = (1,0,1)$、$E_7 = (1,1,0)$、$E_8 = (1,1,1)$ 的渐进稳健性更具代表性，其余的均为非渐进稳定均衡点。

对应的雅可比矩阵 J：

$$J = \begin{bmatrix} \dfrac{\mathrm{d}x/\mathrm{d}t}{\mathrm{d}x} & \dfrac{\mathrm{d}x/\mathrm{d}t}{\mathrm{d}y} & \dfrac{\mathrm{d}x/\mathrm{d}t}{\mathrm{d}z} \\[3mm] \dfrac{\mathrm{d}y/\mathrm{d}t}{\mathrm{d}x} & \dfrac{\mathrm{d}y/\mathrm{d}t}{\mathrm{d}y} & \dfrac{\mathrm{d}y/\mathrm{d}t}{\mathrm{d}z} \\[3mm] \dfrac{\mathrm{d}z/\mathrm{d}t}{\mathrm{d}x} & \dfrac{\mathrm{d}z/\mathrm{d}t}{\mathrm{d}y} & \dfrac{\mathrm{d}z/\mathrm{d}t}{\mathrm{d}z} \end{bmatrix}$$

因此将 $x=0$，$x=1$，$y=0$，$y=1$，$z=0$，$z=1$ 代入雅可比矩阵的非对角线元素 $F'(x)_y$、$F'(x)_z$、$F'(y)_x$、$F'(y)_z$、$F'(z)_x$、$F'(z)_y$ 中，该模型演化博弈的稳定策略具体分析如下：

$$J = \begin{bmatrix} F'(x)_x & 0 & 0 \\ 0 & F'(y)_y & 0 \\ 0 & 0 & F'(z)_z \end{bmatrix}$$

其中：

$$F'(x)_x = (1-2x)(-H-K-zA_W+y(H+L+M-R-S_1)+S_1)$$

$$F'(y)_y = (1-2y)(zB_1+zB_3-C_H+C_L-C_Z$$
$$+x(R-C_L+S_1+S_2+S_3+S_4)+I_H-I_L)$$

$$F'(z)_z = (1-2z)(xA_W+B_3-yB_3-C_J)$$

根据李雅谱诺夫第一法可知，演化博弈模型的渐进稳定点对应的雅可比矩阵的特征值均小于0。各均衡点稳定性的判定如表3.9所示。

表 3.9　　　　　　　　　三方演化博弈的稳定性分析结果

均衡点	特征值		
	λ_1	λ_2	λ_3
$E_1=(0,0,0)$	$-H-K+S_1$	$-C_H+C_L-C_Z+I_H-I_L$	B_3-C_J
	ESS 条件：$-H-K+S_1<0$，$-C_H+C_L-C_Z+I_H-I_L<0$，$B_3-C_J<0$		
$E_2=(0,0,1)$	$-H-K-A_W+S_1$	$B_1+B_3-C_H+C_L$ $-C_Z+I_H-I_L$	$-B_3+C_J$
	ESS 条件：$-H-K-A_W+S_1<0$，$B_1+B_3-C_H+C_L-C_Z+I_H-I_L<0$，$-B_3+C_J<0$		
$E_3=(0,1,0)$	$-K+L+M-R$	$C_H-C_L+C_Z-I_H+I_L$	$-C_J$
	ESS 条件：$-K+L+M-R<0$，$C_H-C_L+C_Z-I_H+I_L<0$		
$E_4=(1,0,0)$	$H+K-S_1$	$R-C_H-C_Z+S_1+S_2$ $+S_3+S_4+I_H-I_L$	$A_W+B_3-C_J$
	ESS 条件：$H+K-S_1<0$，$R-C_H-C_Z+S_1+S_2+S_3+S_4+I_H-I_L<0$，$A_W+B_3-C_J<0$		
$E_5=(0,1,1)$	$-K+L+M-R-A_W$	$-B_1-B_3+C_H-C_L$ $+C_Z-I_H+I_L$	C_J
	鞍点		

续表

均衡点	特征值		
	λ_1	λ_2	λ_3
$E_6 = (1,0,1)$	$H + K + A_W - S_1$	$R + B_1 + B_3 - C_H - C_Z + S_1 + S_2 + S_3 + S_4 + I_H - I_L$	$-A_W - B_3 + C_J$
	ESS 条件：$H + K + A_W - S_1 < 0$，$R + B_1 + B_3 - C_H - C_Z + S_1 + S_2 + S_3 + S_4 + I_H - I_L < 0$，$-A_W - B_3 + C_J < 0$		
$E_7 = (1,1,0)$	$K - L - M + R$	$-R + C_H + C_Z - S_1 - S_2 - S_3 - S_4 - I_H + I_L$	$A_W - C_J$
	ESS 条件：$K - L - M + R < 0$，$-R + C_H + C_Z - S_1 - S_2 - S_3 - S_4 - I_H + I_L < 0$，$A_W - C_J < 0$		
$E_8 = (1,1,1)$	$K - L - M + R + A_W$	$-R - B_1 - B_3 + C_H + C_Z - S_1 - S_2 - S_3 - S_4 - I_H + I_L$	$-A_W + C_J$
	ESS 条件：$K - L - M + R + A_W < 0$，$-R - B_1 - B_3 + C_H + C_Z - S_1 - S_2 - S_3 - S_4 - I_H + I_L < 0$，$-A_W + C_J < 0$		

基于现实条件以及已有研究，"政府积极监管—上市公司高质量披露—社会公众参与"是最为理想的稳定均衡状态，因此，本书主要分析 $E_8(1,1,1)$ 为演化稳定均衡点时需满足的条件。当 $E_8(1,1,1)$ 为 ESS，$K + R + A_W < L + M$，$C_H + C_Z + I_L < R + B_1 + B_3 + S_1 + S_2 + S_3 + S_4 + I_H$，$C_J < A_W$。

政府监管部门消极监管及上市公司选择高质量积极披露环境信息策略对社会造成损失和政府监管部门获得环境治理所带来综合收益之和，远远大于政府监管部门选择积极监管需要付出监管成本、政府给予上市公司高质量环境信息披露后的财政补贴和政府对社会公众参与监督活动行为进行奖励之和，政府才有意愿选择积极监管策略；而上市公司高质量环境信息披露后获得的政府财政补贴、因公众监督检举公司低质量环境信息披露给予政府和公众的罚款补偿、上市公司低质量环境信息披露下所需承担的各种损失及上市公司环境信息高质量披露后的后续可获得的综合收益之和，大于上市公司高质量披露环境信息所需披露成本、上市公司高质量环境信息披露后所需的进一步治理成本及上市公司选择低质量环境信息披策略可以获得的额外经济收益之和时，上市公司才有意愿选择高质量披露；社会公众参与监督活动获得的政府奖励大于公众参与环保监督必将承担一定数额的环境监督成本时，公众才有意愿选择参与策略。

3.3.2　基于仿真的博弈动态演化分析与讨论

本书采用数值模拟仿真的方法，模拟演化博弈中政府、上市公司及社会公众行为策略的变化，运用 Matlab 软件对演化博弈模型进行仿真，根据上述演化博弈的稳定性分析结果，以及专家建议，对各个参数进行赋值及仿真分析，除系数外所有参数的单位均为百万元。具体初始赋值情况如表 3. 10 所示。

表 3. 10　　　　　　　　　初始赋值情况

H	K	L	M	R	S_1	S_2	S_3	S_4	C_H	C_L	C_Z	I_H	I_L	A_W	B_1	B_3	C_J
10	7	8	6	8	6	2	2	4	6	14	5	6	2	1	5	3	3

图 3. 18 表示 $x = 0. 1：0. 2：1$；$y = 0. 1：0. 2：1$；$z = 0. 1：0. 2：1$ 下政府监管部门、上市公司以及社会公众博弈三方相互演化路径，这是初始赋值情况下的演化轨迹，该赋值条件下多数情况演化到 $E_3\{0,1,0\}$。

图 3. 19 修改 A_W 和 M。当 $A_W = 4$，$M = 14$ 且其他初始条件不变时，该赋值条件下多数情况演化到 $E_8\{1,1,1\}$。对比图 3. 18 和图 3. 19，不同初始条件，三个主体的演化路径存在差异，最终的演化均衡点也不同。由图 3. 18 和图 3. 19 可知，演化到稳定点 $\{1,1,1\}$ 时，政府部门的初始意愿为 1，即 $x = 1$，这说明当我国政府部门采取积极的监管策略时，模型演化达到稳定点 $\{1,1,1\}$。如果我国政府进行积极环境信息披露监管政策制定

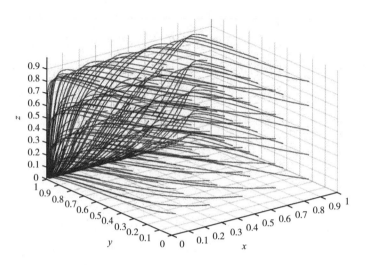

图3.18 三方演化博弈轨迹（0,1,0）

时，就选择根据各上市公司情况进行更加精准的奖励和惩罚政策，这无疑可以避免上市公司在一定程度上减少盲目追求经济增长等短视行为而造成环境破坏等现象的发生。

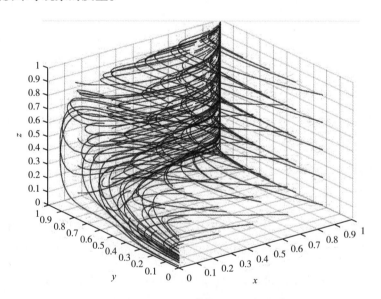

图3.19 三方演化博弈轨迹（1,1,1）

3.3.2.1 上市公司的数值模拟

（1）上市公司高质量披露环境信息所需披露成本 C_H 变化对演化结果产生的影响。C_H 分别取 6 和 10，其他参数值为 $x = 0.5$，$H = 10$，$K = 4$，$L = 8$，$M = 6$，$R = 8$，$S_1 = 6$，$S_2 = 2$，$S_3 = 2$，$S_4 = 4$，$C_L = 4$，$C_Z = 5$，$I_H = 6$，$I_L = 2$。结果见图 3.20。

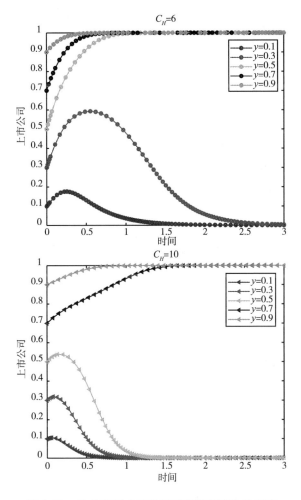

图 3.20 C_H 变化对上市公司演化结果产生的影响

（2）上市公司高质量环境信息披露后所需进一步的治理成本 C_Z 变化对演化结果产生的影响。C_Z 分别取 5 和 9，其他参数值为 $x=0.5$，$C_H=6$，$H=10$，$K=4$，$L=8$，$M=6$，$R=8$，$S_1=6$，$S_2=2$，$S_3=2$，$S_4=4$，$C_L=4$，$I_H=6$，$I_L=2$。结果见图 3.21。

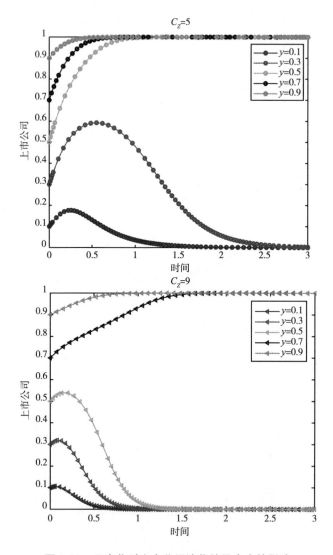

图 3.21　C_Z 变化对上市公司演化结果产生的影响

（3）上市公司环境信息高质量披露后的后续可获得的综合收益 I_H 变化对演化结果产生的影响。I_H 分别取 6 和 10，其他参数值为 $x=0.5$，$C_H=6$，$H=10$，$K=4$，$L=8$，$M=6$，$R=8$，$S_1=6$，$S_2=2$，$S_3=2$，$S_4=4$，$C_L=4$，$C_z=5$，$I_L=2$。结果见图 3.22。

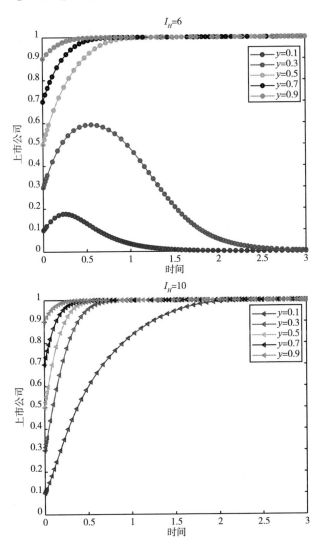

图 3.22　I_H 变化对上市公司演化结果产生的影响

（4）上市公司高质量环境信息披露后获得的我国政府财政补贴 R 变化对演化结果产生的影响。R 分别取 4 和 8，其他参数值为 $x = 0.5$，$C_H = 6$，$H = 10$，$K = 4$，$L = 8$，$M = 6$，$S_1 = 6$，$S_2 = 2$，$S_3 = 2$，$S_4 = 4$，$C_L = 4$，$C_Z = 5$，$I_H = 6$，$I_L = 2$。结果见图 3.23。

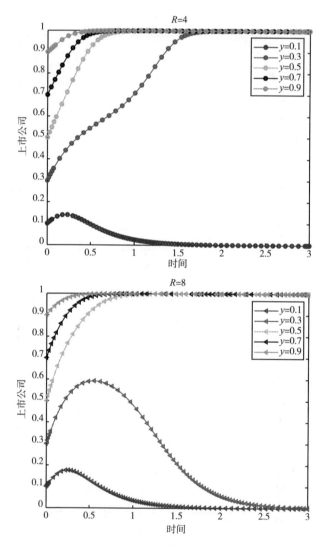

图 3.23 R 变化对上市公司演化结果产生的影响

（5）上市公司选择低质量环境信息披露策略时可以获得额外经济收益 I_L 变化对演化结果产生的影响。I_L 分别取 2 和 6，其他参数值为 $x=0.5$，$C_H=6$，$H=10$，$K=4$，$L=8$，$M=6$，$R=8$，$S_1=6$，$S_2=2$，$S_3=2$，$S_4=4$，$C_L=4$，$C_Z=5$，$I_H=6$。结果见图 3.24。

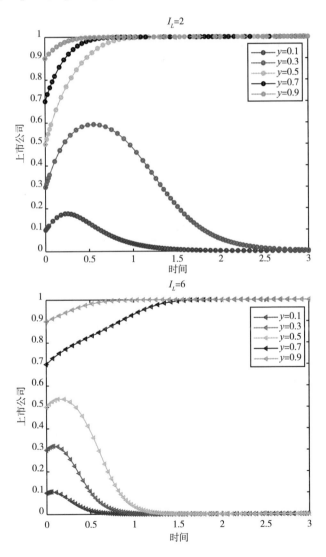

图 3.24　I_L 变化对上市公司演化结果产生的影响

（6）上市公司需要承担对我国政府监管部门积极监管下对其的罚金 S_1 变化对演化结果产生的影响。S_1 分别取 4 和 8，其他参数值为 $x = 0.5$，$C_H = 6$，$H = 10$，$K = 4$，$L = 8$，$M = 6$，$R = 8$，$S_2 = 2$，$S_3 = 2$，$S_4 = 4$，$C_L = 4$，$C_Z = 5$，$I_H = 6$，$I_L = 2$。结果见图 3.25。

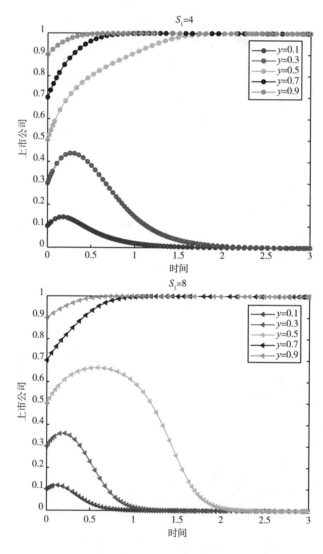

图 3.25　S_1 变化对上市公司演化结果产生的影响

（7）上市公司低质量环境信息披露下所需承担的信誉损失 S_2 变化对演化结果产生的影响。S_2 分别取 2 和 6，其他参数值为 $x = 0.5$，$C_H = 6$，$H = 10$，$K = 4$，$L = 8$，$M = 6$，$R = 8$，$S_1 = 6$，$S_3 = 2$，$S_4 = 4$，$C_L = 4$，$C_Z = 5$，$I_H = 6$，$I_L = 2$。结果见图 3.26。

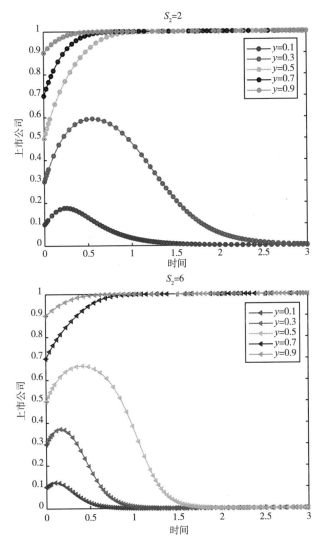

图 3.26　S_2 变化对上市公司演化结果产生的影响

（8）上市公司低质量环境信息披露给未来业务带来的损失 S_3 变化对演化结果产生的影响。S_3 分别取 2 和 6，其他参数值为 $x=0.5$，$C_H=6$，$H=10$，$K=4$，$L=8$，$M=6$，$R=8$，$S_1=6$，$S_2=2$，$S_4=4$，$C_L=4$，$C_Z=5$，$I_H=6$，$I_L=2$。结果见图 3.27。

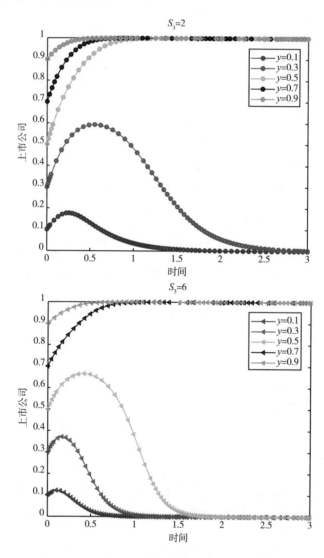

图 3.27 S_3 变化对上市公司演化结果产生的影响

（9）上市公司低质量环境信息披露法律诉讼费用 S_4 变化对演化结果产生的影响。S_4 分别取 4 和 8，其他参数值为 $x = 0.5$，$C_H = 6$，$H = 10$，$K = 4$，$L = 8$，$M = 6$，$R = 8$，$S_1 = 6$，$S_2 = 2$，$S_3 = 2$，$C_L = 4$，$C_Z = 5$，$I_H = 6$，$I_L = 2$。结果见图 3.28。

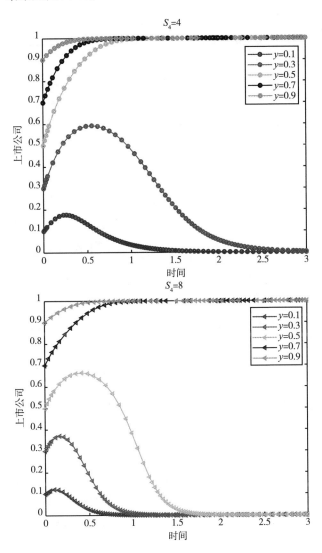

图 3.28　S_4 变化对上市公司演化结果产生的影响

（10）上市公司管理层对环境信息进行低质量披露，环境信息的成本 C_L 变化对演化结果产生的影响。C_L 分别取 4 和 6，其他参数值为 $x = 0.5$，$C_H = 6$，$H = 10$，$K = 4$，$L = 8$，$M = 6$，$R = 8$，$S_1 = 6$，$S_2 = 2$，$S_3 = 2$，$S_4 = 4$，$C_Z = 5$，$I_H = 6$，$I_L = 2$。结果见图 3.29。

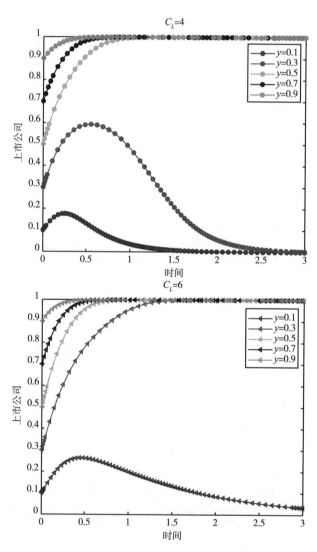

图 3.29 C_L 变化对上市公司演化结果产生的影响

（11）上市公司低质量环境信息披露下，我国政府获得牺牲环境而产生的当地经济发展收益 H 变化对演化结果产生的影响。H 分别取 6 和 10，其他参数值为 $x = 0.5$，$C_H = 6$，$K = 4$，$L = 8$，$M = 6$，$R = 8$，$S_1 = 6$，$S_2 = 2$，$S_3 = 2$，$S_4 = 4$，$C_L = 4$，$C_Z = 5$，$I_H = 6$，$I_L = 2$。结果见图 3.30。

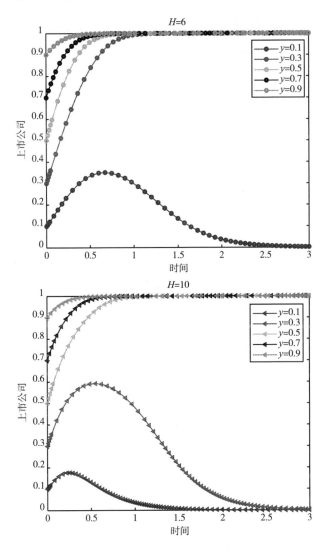

图 3.30　H 变化对上市公司演化结果产生的影响

3.3.2.2 政府部门的数值模拟

（1）上市公司高质量环境信息披露后获得的政府财政补贴 R 变化对演化结果产生的影响。R 分别取 4 和 8，其他参数值为 $y = 0.5$，$C_H = 6$，$H = 10$，$K = 4$，$L = 8$，$M = 6$，$S_1 = 6$，$S_2 = 2$，$S_3 = 2$，$S_4 = 4$，$C_L = 4$，$C_Z = 5$，$I_H = 6$，$I_L = 2$。结果见图 3.31。

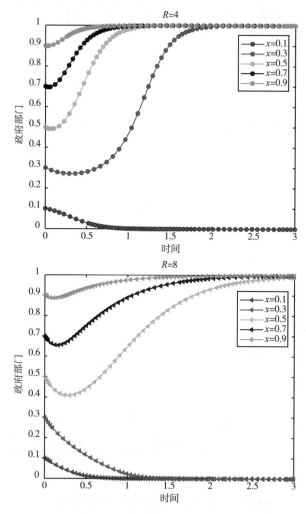

图 3.31 R 变化对政府监管部门演化结果产生的影响

（2）政府监管部门选择积极监管需要付出监管成本 K 变化对演化结果产生的影响。K 分别取 4 和 5，其他参数值为 $y = 0.5$，$C_H = 6$，$H = 10$，$L = 8$，$M = 6$，$R = 8$，$S_1 = 6$，$S_2 = 2$，$S_3 = 2$，$S_4 = 4$，$C_L = 4$，$C_Z = 5$，$I_H = 6$，$I_L = 2$。结果见图 3.32。

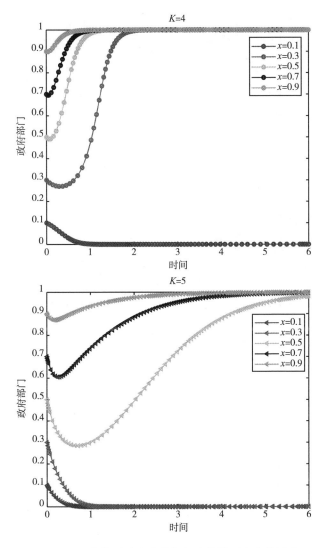

图 3.32 K 变化对政府监管部门演化结果产生的影响

（3）政府监管部门获得环境治理所带来综合收益 M 变化对演化结果产生的影响。M 分别取 6 和 8，其他参数值为 $y = 0.5$，$C_H = 6$，$H = 10$，$K = 4$，$L = 8$，$R = 8$，$S_1 = 6$，$S_2 = 2$，$S_3 = 2$，$S_4 = 4$，$C_L = 4$，$C_Z = 5$，$I_H = 6$，$I_L = 2$。结果见图 3.33。

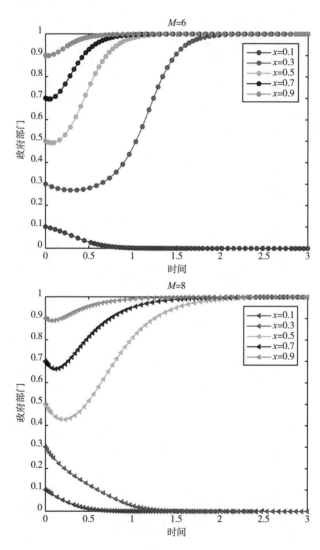

图 3.33　M 变化对政府监管部门演化结果产生的影响

（4）政府监管部门积极监管下上市公司需要承担的罚金 S_1 变化对演化结果产生的影响。S_1 分别取 4 和 8，其他参数值为 $y=0.5$，$C_H=6$，$H=10$，$K=4$，$L=8$，$M=6$，$R=8$，$S_2=2$，$S_3=2$，$S_4=4$，$C_L=4$，$C_Z=5$，$I_H=6$，$I_L=2$。结果见图 3.34。

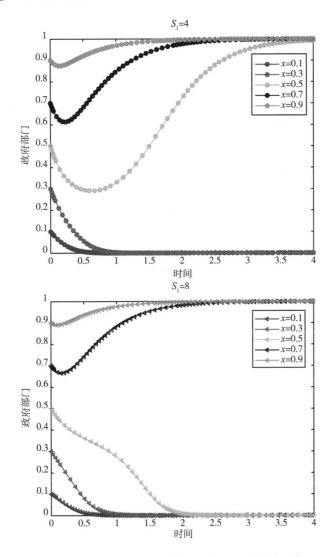

图 3.34 S_1 变化对政府监管部门演化结果产生的影响

（5）政府监管部门消极监管时，上市公司选择高质量积极披露环境信息策略，过度积极行为可能会出现各种问题，对社会造成损失 L 变化对演化结果产生的影响。L 分别取 8 和 10，其他参数值为 $y=0.5$，$C_H=6$，$H=10$，$K=4$，$M=6$，$R=8$，$S_1=6$，$S_2=2$，$S_3=2$，$S_4=4$，$C_L=4$，$C_Z=5$，$I_H=6$，$I_L=2$。结果见图 3.35。

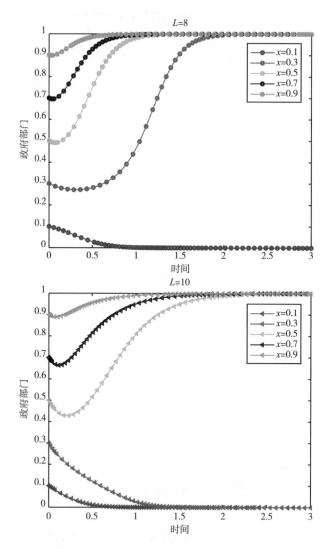

图 3.35 L 变化对政府监管部门演化结果产生的影响

3. 3. 2. 3　社会公众的数值模拟

由以上分析可知，公众参与有利于上市公司选择高质量披露，因此，以下分析与公众相关的参数变化下对公众行为策略的影响。

（1）A_W 分别取 1 和 4，其他参数取值为 $x = 1$，$y = 1$，$H = 10$，$K = 3$，$L = 8$，$M = 6$，$R = 8$，$S_1 = 2$，$S_2 = 2$，$S_3 = 2$，$S_4 = 2$，$C_H = 10$，$C_L = 4$，$C_Z = 9$，$I_H = 6$，$I_L = 2$，$B_1 = 5$，$B_3 = 2$，$C_J = 3$。结果见图 3.36。

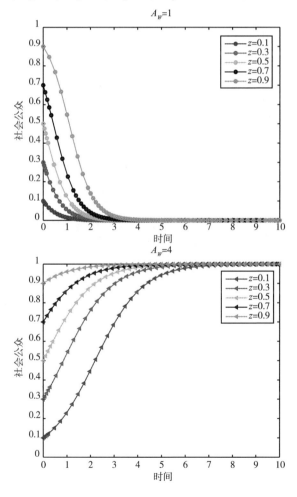

图 3. 36　A_W 变化对社会公众演化结果产生的影响

（2）B_3 变化对演化结果产生的影响。B_3 分别取 1 和 4，其他参数取值为 $x=0.5$，$y=0.5$，$H=10$，$K=3$，$L=8$，$M=6$，$R=8$，$S_1=2$，$S_2=2$，$S_3=2$，$S_4=2$，$C_H=10$，$C_L=4$，$C_Z=9$，$I_H=6$，$I_L=2$，$B_1=5$，$C_J=3$，$A_W=4$。结果见图 3.37。

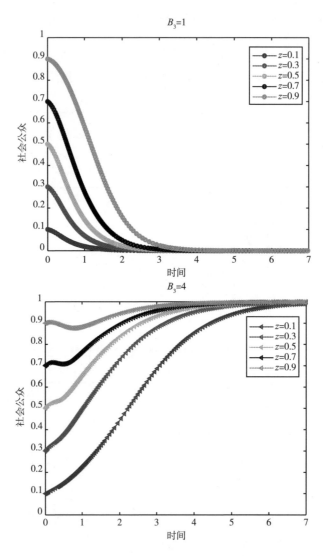

图 3.37 B_3 变化对社会公众演化结果产生的影响

（3）C_J 变化对演化结果产生的影响。C_J 分别取 3 和 5，其他参数取值为 $x=0.5$，$y=0.5$，$H=10$，$K=3$，$L=8$，$M=6$，$R=8$，$S_1=2$，$S_2=2$，$S_3=2$，$S_4=2$，$C_H=10$，$C_L=4$，$C_Z=9$，$I_H=6$，$I_L=2$，$B_1=5$，$B_3=4$，$A_W=4$。结果见图 3.38。

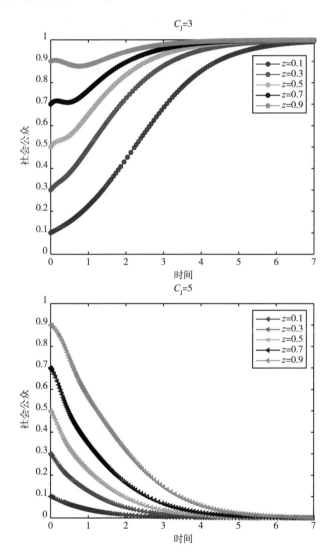

图 3.38　C_J 变化对社会公众演化结果产生的影响

3.4 本章小结

本章从演化博弈视角刻画了上市公司和政府的相关行为策略，通过对上市公司环境信息披露策略的情景模拟，提供了上市公司高质量环境信息披露战略决策目标的框架，为后续研究奠定了基础。

第4章

上市公司环境信息披露对
企业融资约束的影响

本章将从以下几个方面对上市公司环境信息披露质量与融资约束之间的关系进行研究：第一，上市公司披露环境信息是否有利于缓解公司的融资约束；第二，上市公司环境信息披露质量的提高是否有利于缓解企业融资约束；第三，年报的文本特征中文本篇幅、可读性、相似性三个方面，对上市公司环境信息披露与融资约束之间的关系所起到的调节作用；第四，考虑到我国特殊的产权制度背景，产权异质性是否会对环境信息披露与融资约束之间的关系造成影响。

4.1 研究假设

4.1.1 环境信息披露对企业融资约束的影响

高斯和罗伯茨（Goss & Roberts，2011）研究表明，披露社会责任信息的企业比不披露社会责任信息的企业更有可能获得贷款，并且获得贷款期限也更长。吴红军等（2017）实证研究发现，企业环境信息与企业财务信息具有互补效应，其中环境信息披露水平高的企业财务限制较少。陈祖英（2021）研究结果显示，获得更多企业环境信息披露有助于减轻银行对企业还款能力的担忧，因此银行可以为环境信息披露全面的企业提供更多资金。沈洪涛和马正彪（2014）研究发现披露企业环境信息可能会降低企业内外部信息的不对称程度，从而可以有效降低企业股权融资成本。李哲和王文翰（2021）研究发现，在绿色发展理念引导下，银行机构更加关注企业相关的环境和社会风险责任。

为了规避风险，投资者自然而然地倾向于选择信息清晰度较高的公司，以保障其知情权，以便于其及时掌握利益变动信息，获得风险反馈。此外，企业披露环境信息，作为政府监管的有力外部监督手段，对企业的绿色环保行为起到了不可忽视的作用。赫夫林等（Heflin et al，2003）、科塔里等（Kothari et al，2009）研究发现，加强政府监管力度可以提高企业信息的公开度，同时能够缓解信息不对称性，有利于企业获得更多资金。吴德军和唐国平（2012）总结得出鉴于环境问题日益受到全球关注，政府监管力度越强，企业更加积极地披露环境绩效。毕茜等（2012）研究发现政府约束企业的环境保护行为主要体现在两方面：一方面是制定相关法律法规；另一方面是对环境标准进行规范，进而促进企业环境信息公开。孔慧阁和唐伟（2016）调查结果表明，企业本身就有美化环境信息进而达到获取经济利益的目的，因此企业很难自主准确披露环境信息。里昂和麦克斯韦（Lyon & Maxwell，2011）研究认为，企业会选择性披露正面的环境信息，而隐瞒负面环境信息，以美化企业的环保形象。

基于上述分析，本书提出如下假设：

假设 4.1a：通过独立报告披露上市公司环境信息可以有效缓解公司融资约束。

假设 4.1b：上市公司环境信息披露质量对于融资约束具有显著负相关影响。

4.1.2　年报文本特征的调节作用

当上市公司积极履行社会义务，落实环保政策时，上市公司年报的文本特征会向社会传递公司在认真履行环保要求，积极履行社会责任的相关信息。而这些信息对于投资者能够在一个规范有序的市场中作出选择和判断是至关重要的。根据樊纲（2020）的研究，市场中介组织的发展以及法律制度、环境规章对中间主体的保障及执行具备有效性。对信息的充分了解可以对投资者和债权人进行保护，保障合同得到妥善履行。因此，年报的文本特征可能会减少上市公司面临的财务限制。王俊秋等（2007）根据研究结果发现，在当前年报信息披露较好的地方，投资者可以通过法院系统成功维权。同时由于法律限制，公司能够规范自己的行为，限制其对最大利益的追求，保护投资者的利益；在年报信息披露较好的领域，公司获得融资的机会更大，也更容易筹集资金，从而可以缓解部分融资约束。提高年报的相关文本特征能够提高上市公司获得银行信贷份额，而且增加融资渠道上市公司获得融资也就越容易（卢峰等，2004）。因此，通过年报的文本特征，可以降低委托代理成本，拓宽融资渠道来进一步缓解上市公司的融资约束。

已有研究成果认为，年报的文本特征将对环境信息披露的质量产生一定的影响。布什曼和皮奥特罗斯基（Bushman & Piotroski，2004）研究发现，年报文本特征能够完善公司内部治理机制，降低信息的不对称性。徐浩和张美莎（2019）研究指出，年报文本特征有助于构建一个更为公平、公正的市场竞争格局，对资本市场进行规范与优化，在某种意义上降低了投资者对关联金融的依赖性，减弱了"联结"力度，进而促进了更多的信用资源的流通。年报内容大部分都是关于数字的，而有许多的文献显示，除了数字性的资讯之外，所有的文献都是以文字的方式呈现出来的。信息披露的易读性是指人们所理解的困难程度，衡量其易用性的主要指标包括使用次数、平均句子长度等。研究发现，大量的投资者对财报的理解上存在着困难。目前有一些国内外学者对年报文本特征进行了相关的研究。

年报的文本篇幅特征对资本市场的信息传递以及市场主体的行为有着重要的影响。埃尔图鲁尔等（Ertugrul et al, 2017）研究表明，银行会对年报篇幅更长、语气词使用频率更高的企业设定更严格的贷款合同。勒哈维等（Lehavy et al, 2011）、丘心颖等（2016）研究指出，当年报篇幅较短、年报文字数量较少时，此时年报信息量较少，为了收集更多的公司信息，分析师监控的信息的数量将增加，但分析师跟踪的准确性降低。

基于上述分析，本书认为年报文本特征的调节作用路径如图 4.1 所示，并因此提出以下假设：

假设 4.2a：年报文本篇幅越长，越能强化独立报告披露环境信息对上市公司融资约束的负向影响。

假设 4.2b：年报文本篇幅越长，越能强化环境信息披露质量对上市公司融资约束的负向影响。

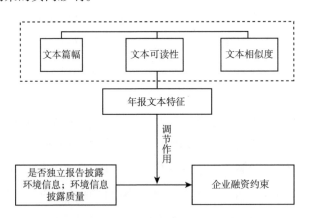

图 4.1　年报文本特征的调节作用路径

目前学术界对年报可读性的研究主要集中在年报可读性的经济后果和影响年报可读性的变量两个方面。上市公司的年度报告是公司与其投资者之间交流信息的主要手段。因此年报的可读性直接影响信息传递的有效性，进而影响投资者的决策。阿吉娜（Ajina et al, 2016）研究表明，提高年报的复杂性或出于自身利益动机更改文本特征会降低年报的可读性。任宏达和王琨（2019）指出，如果公司面临更多的市场竞争或试图获得更多的社会资源，其年度报告的可读性将因此而下降。相比之下，现有文献中对年报可读性的影响因素的研究较少。根据研究，朗和斯蒂斯－劳伦斯（Lang & Stice-Lawrence，2015）发现，诉讼的可能性和监管环境将对公司年报的可读性产生影响。王雄元和高曦（2018）、王运陈等（2020）研究发现，年报可读性较低时会导致股票价格的信息含量较低，风险溢价较大。相反，年报的可读性增加则有助于提高投资者的交易欲望，使得会计信息高效传递和提高资本市场定价的效率，会增强投资者投资的积极性。因此本书提出以下假设：

假设 4.2c：年报文本可读性越强，越能促进独立报告披露环境信息对上市公司融资约束的缓解作用。

假设 4.2d：年报文本可读性越强，越能促进环境信息披露质量对上市公司融资约束的缓解作用。

学者们主要使用文本相似性指标衡量上市公司年报、分析师报告、审计师报告等语料之间在内容上的相似程度，从而得到不同含义的各个指标。霍伯格和菲利普斯（Hoberg & Phillips，2016）使用年报中产品介绍部分的文本相似性衡量企业产品经营之间的相似程度，并使用该相似性指标定义了一种新的行业分类。霍伯格（Hoberg，2014）利用报告里的管理层讨论与分析章节中的流动性和资本来源子章节计算出的文本相似性来衡量某一企业的融资约束程度。现有中文文献在定义文本相似性计算得到的指标时则较为单一，王雄元等（2018）和赵子夜等（2019）探究了中国上市公司年报风险披露的价值相关性及信息性质。此外，姚加权等（2020）利用 LDA 训练得到的主题模型衡量分析师报告与企业电话会议的文本相似性，证明了分析师在投资者了解企业过程中的信息中介角色，并且研究相应的经济后果。因此本书提出以下假设：

假设 4.2e：年报文本相似度越高，越抑制独立报告披露环境信息对上市公司融资约束的缓解作用。

假设 4. 2f：年报文本相似度越高，越抑制环境信息披露质量对上市公司融资约束的缓解作用。

综合上述分析，本书提出的相关假设条件如表 4.1 所示。

表 4.1 　　　　　　　　　　**环境信息披露与融资约束研究假设**

序号	假设
假设 4.1a	通过独立报告披露上市公司环境信息可以有效缓解公司融资约束
假设 4.1b	上市公司环境信息披露质量对于融资约束具有显著负相关影响
假设 4.2a	年报文本篇幅越长，越能强化独立报告披露环境信息对上市公司融资约束的负向影响
假设 4.2b	年报文本篇幅越长，越能强化环境信息披露质量对上市公司融资约束的负向影响
假设 4.2c	年报文本可读性越强，越能促进独立报告披露环境信息对上市公司融资约束的缓解作用
假设 4.2d	年报文本可读性越强，越能促进环境信息披露质量对上市公司融资约束的缓解作用
假设 4.2e	年报文本相似度越高，越抑制独立报告披露环境信息对上市公司融资约束的缓解作用
假设 4.2f	年报文本相似度越高，越抑制环境信息披露质量对上市公司融资约束的缓解作用

4. 2　研究设计

4.2.1　环境信息披露评价体系的建立

企业环境信息披露质量的评估主要从披露内容涉及的方面、内容的详尽程度来衡量。环境信息的内容主要来自年报和社会责任报告，有些学者根据年报中披露的语句长短、语句字数、是否有数量型描述等来衡量。已有研究中针对如何评估企业环境信息披露的质量，经过了从简单到复杂，从主观到客观的演进过程，最开始主要集中于声誉评分法和社会责任评分法，然而随着研究的不断加深，指标分类法和内容分析法被广泛应用。

（1）声誉评分法是很多经济问题研究初期应用较多的方法。打分的基础来源于问卷调查，研究者根据自己的研究方向设计调查问卷，获得利益相关者对企业环境信息披露方面的评价，通过简单加总得到企业的声誉分值。但这里的调查对象主要是社会公众，研究者很难得到股东、管理者、银行等其他利益相关者的评价，问卷调查的弊端是很难满足随机性原则，而且问卷质量和回收率比较难保证，填写问卷中出现的误差也不易矫正，所以这种方法在相关研究中逐渐被学者放弃。

（2）社会责任评分法主要是采用专门的权威评级机构发布的指数进行衡量。社会责任指数包含了经济指数、文化指数、环保指数、慈善指数、员工福利指数、社区指数等多个方面，在具体应用中有和讯财经的社会责任报告指数和润灵环球的社会责任评级指数。但环保指数只是社会责任指数中的一方面，虽然社会责任指数涵盖了环境信息披露，但并不特别准确，可能会造成研究结果的误差。还有学者根据相关指标构建社会责任指数来进行研究，如复旦大学环境经济研究中心下设的企业环境信息披露指数研究小组专门分析上市公司环境信息披露指数报告，该报告是在对上海证券交易所旗下 14 个重污染行业的 172 家上市公司通过官方渠道公开和披露的环境相关信息和数据进行全面整理和分析的基础上所形成。该报告的不足之处在于样本量仅为上海证券交易所的上市公司，而且从 2016 年才开始发布，对于早期重污染行业上市公司的环境信息披露情况缺乏数据支持。

（3）指标分类法也是学者在研究企业环境信息披露中应用较多的方法。该方法主要是对企业环境信息披露的指标进行大类、小类的划分，先划分成几大类，再进一步将大类细分为小类别，针对每一个小类寻找相应的描述并进行打分，最后将所有小类的分值进行加总得到企业环境信息披露指数。

（4）内容分析法是目前研究中学者应用比较广泛的评价方法，最能真实地评价上市公司环境信息披露质量（Wiseman，1982；Bewley & Li，2000；Cormier & Gordon，2001；Beck，2010）。阿博特和蒙森（Abbott & Monsen，1979）界定了内容分析法的具体含义，它是一项专门收集数据的技术，这些数据包含以事件、新闻等方式承载的非量化的内容，据此对其进行分类计算得出对应的定量指标。内容分析法主要是在上市公司发布的年报、社会责任报告、环境报告等资料中搜索与环境、环保相关的字句，根据披露的字数多少、是否有具体数值来衡量上市公司环境信息披露的质量，词句数量多的质量更高，定量描述比定性描述质量高。然后，将定性描述和定量描述分别赋予不同的分值，最终加总得到上市公司环境信息披露的总分。

现有研究对上市公司环境信息披露水平的统计方法比较多，比较有代表性且认可度较高的是克拉克森（Clarkson，2008）自主构建的一套环境信息的内容评分方法。内容分析法是按照事先设定的指标体系对信息披露的内容进行评分，将定性信息内容转变为定量的数据。分为小类别，针对每一个小类寻找相应的描述并进行打分，最后将所有小类的分值进行加总得到上市公司环境信息披露指数。

通过对现有上市公司环境信息披露质量的评价方法对比可以看出，声誉评分法和社会责任评分法不是测度上市公司环境信息披露质量的最优方法，随着国内外学者对信息披露研究的加深，指标分类法和内容分析法已然成为评价的主流方法。这两种方法不但将客观文献内容按一定标准解读，解决了文本描述无法量化的问题，还进行大类小类的指标分解，解决了无法全面、系统覆盖披露内容的问题。

本书从环境信息披露内容的四个方面——环保理念目标和愿景、环境监管认证治理、污染物排放及经济绩效指标，构建了环境信息披露水平的指标评价体系（见表4.2）。

表 4.2   环境信息披露指标评价体系

类型	包含内容	得分标准
环保理念目标和愿景	1 – 1 环保理念	定性描述：1 分； 无描述：0 分
	1 – 2 环境管理组织制度体系	
	1 – 3 环保目标标准	
	1 – 4 环保专项行动	
	1 – 5 环境教育与培训	
	1 – 6 环保相关荣誉或奖励	
	1 – 7 环境事件应急机制	
	1 – 8 "三同时制度"	
环境监管认证治理	2 – 1 重点污染监控单位	定性描述：1 分； 无描述：0 分
	2 – 2 突发环境事故	
	2 – 3 环境违法事件及案件	
	2 – 4 ISO 指标体系认证	
	2 – 5 废水、废气减排治理	
	2 – 6 粉尘、烟尘治理	
	2 – 7 工业固废利用与治理	
	2 – 8 清洁生产实施治理	
污染物排放	3 – 1 废水、废气排放量	定性描述：1 分； 无描述：0 分
	3 – 2 粉尘、烟尘排放量	
	3 – 3 工业固废物产生量	
经济绩效指标	4 – 1 环保罚款支付	定性描述：1 分； 无描述：0 分
	4 – 2 排污费、绿化费、环保费	
	4 – 3 税收减免	
	4 – 4 环境奖励	
	4 – 5 废物利用收入	

本书环境信息披露评价体系借鉴沈洪涛的做法，采用润灵环球评级（RKS）发布的《A 股上市公司社会责任报告蓝皮书》中的内容性评价得

分，以衡量环境信息披露质量，其指标设计体系尽可能避免了行业类别等因素的影响，评价结果相对更加客观，区别出了环境信息披露质量的差异程度。体系按三个档次划分环境信息披露水平：0~8分代表该上市公司环境信息披露水平较差；9~16分代表该上市公司环境信息披露水平一般；18~24分代表该上市公司环境信息披露水平较高。

4.2.2　研究主体的选择

我国重污染行业上市公司作为当前污染物排放的主体，其面临着来自政府和公众的巨大压力，因而更关注环境信息披露。此外，具有较大的生产规模和较强的环境管理能力的石油、煤炭开采和冶金等行业上市公司在环境信息披露方面表现良好。而纺织、医药制造等一些轻工行业的上市公司在环境信息披露方面表现较差。此外，重污染行业的上市公司披露的环境信息质量有逐步提高的趋势。从895家重污染行业上市公司的环境公开信息得分来看，近几年我国重污染行业上市公司的环境信息披露整体水平有一定程度上的提高。这表现为披露水平较高的公司逐年增加，而披露水平较差的公司逐年减少。但从整体上来看，重污染行业上市公司披露环境信息的质量并不高，信息披露水平参差不齐，各公司之间的公开差异较大，对环境信息披露的重视程度不同。部分公司在披露过程中具有选择性和倾向性，并没有按照政府等监管部门的规定规范完整地披露环境信息内容，这也说明了重污染行业公司的环境信息披露有待改善。

本书将这895家上市公司按照行业分类，对各行业各年度披露的环境信息的得分情况进行了比较（见表4.3）。近几年我国重污染各行业环境信息披露的分数在增加，说明重污染各行业的环境信息披露程度在逐渐变好。从各行业的分数比较来看，煤炭行业、钢铁行业、冶金行业等整体环境信息披露情况好于其他行业；水泥行业、汽车制造行业、化工行业等环境信息披露情况有很明显的改善；而石化行业、电热供应行业、制药行业、造纸行业等环境信息披露情况较差，亟须改善。

表 4.3　2010～2018 年 16 个重污染行业上市公司环境信息披露得分

行业代码	16 个重污染行业简称	样本数	2010 年	2011 年	2012 年	2013 年	2014 年	2015 年	2016 年	2017 年	2018 年	平均值
B06	煤炭开采和洗选业	26	52.31	52.61	56.75	59.80	80.74	83.94	86.03	87.06	87.38	71.85
B07	石油和天然气开采业	6	59.06	57.86	59.57	64.71	89.41	88.79	91.18	88.85	87.69	76.35
B08	黑色金属矿采选业	5	45.35	40.63	40.63	38.30	63.92	63.99	66.67	65.52	68.11	54.79
B09	有色金属矿采选业	22	42.68	46.31	52.54	52.33	67.11	68.50	68.56	72.10	71.79	60.21
C17	纺织业	33	17.42	21.39	21.52	23.18	18.41	19.75	23.06	26.26	26.86	21.98
C19	皮革、毛皮、羽毛和制鞋业	11	16.69	18.11	16.63	22.28	13.10	20.87	23.04	24.13	22.69	19.73
C22	造纸和纸制品业	27	47.97	52.84	52.77	56.43	54.91	68.72	71.23	74.72	76.38	61.78
C25	石油加工、炼焦和核燃料加工业	15	63.70	62.39	66.09	66.88	91.30	90.75	90.47	92.84	93.69	79.79
C26	化学原料及化学制品制造业	222	37.43	41.01	41.91	43.58	44.05	46.37	49.95	51.96	53.83	45.57
C27	医药制造业	212	6.40	13.12	15.66	17.34	21.72	22.71	27.32	31.92	34.81	21.22
C28	化学纤维制造业	21	39.10	40.69	43.83	42.06	42.56	47.26	50.52	52.25	54.23	45.83
C30	非金属矿物制品业	81	29.99	31.74	35.34	37.85	38.30	38.77	42.08	44.82	47.83	38.53
C31	黑色金属冶炼及压延加工业	28	27.87	41.80	43.66	51.32	66.29	66.96	67.74	66.91	69.44	55.78
C32	有色金属冶炼及压延加工业	63	47.84	52.39	52.30	54.32	68.70	69.28	70.43	71.49	72.15	62.10
C33	金属制品业	57	51.83	53.62	53.31	53.52	63.99	65.67	67.74	69.47	71.28	61.16
D44	电力、热力生产和供应业	66	30.86	34.45	35.47	36.89	66.34	68.83	70.93	72.20	73.87	54.43
合计		895										

4.2.3　样本选取与数据来源

本书通过国泰安数据和 Wind 数据库，收集我国 16 个重污染行业上市公司基本信息、股权结构数据以及财务指标数据。本书选取 2010～2018年我国沪深 A 股重污染行业上市公司为样本，在查阅了各公司的年报后，获得了 895 家上市公司的有效样本数据。其中，解释变量中的环境信息披露数据采用润灵环球评级发布的评价得分；年报文本特征信息来自文构（WinGo）财经文本数据库；其他财务数据均来源于国泰安数据和 Wind 数据库。目前，我国对上市公司公开披露环境信息的具体形式和具体内容没有统一标准，环境信息公开的形式较多。本书手动收集上市公司公开的披露环境信息内容，通过查找上市公司年度报告、社会责任报告、环境报告书、可持续发展报告及公司官方网站等公开的环境信息进行整理研究。

我们对原始数据进行了如下处理：

（1）剔除关键数据缺失的上市公司。

（2）剔除财务状况异常的公司。

（3）为避免异常值的干扰，我们将标为 ST、* ST 的上市公司予以剔除。

（4）对所有连续变量进行上下 1% 缩尾处理（winsorize）。

4.2.4　变量的选择与定义

4.2.4.1　被解释变量

融资约束水平（SA）。当前学界对融资约束的度量方法众多，前文综述对现有的主要度量方式进行了总结。哈德洛克和皮尔斯（Hadlock & Pierce，2010）的研究应用了 SA 指数，$SA = -0.737size + 0.043size \times size - 0.04age$，该指数利用企业年龄与规模来构建，具有较强的外生性，能够很大程度上避免内生性问题。因此本书采用 SA 指数作为被解释变量融资约束水平。本书对 SA 指数取绝对值作为本书被解释变量。同时，选取惠特和吴（Whited and Wu，2006）构建的 WW 指数作为融资约束指标，我们在稳健性检验中验证了本研究的结果，以确保其准确性和可靠性。

4.2.4.2　解释变量

（1）是否披露环境信息（*EID_Whether*）。尽管促进上市公司披露环境信息的政策文件陆续出台，但目前尚未出台要求所有行业进行环境信息披露的强制性规定。对于公司而言，无论是以公司网站还是报告为渠道披露环境信息，均需要付出一定资金或人力成本，因此一些上市公司可能并不愿意主动披露环境信息，特别是对于污染信息，上市公司很可能为维护其自身形象而不主动披露相关信息。基于此，我们构建核心自变量以表示上市公司是否披露环境信息。本研究利用国泰安环境经济数据库中查得的上市公司环境信息披露情况，独立报告披露环境信息赋值为 2，非独立报告披露赋值为 1，未披露赋值为 0。

（2）环境信息披露质量（*EID_Quality*）。企业披露的环境信息所蕴含的价值可能并不相同，通常越细化的信息其价值也越高。当前的研究在评价企业环境信息披露水平时大多数学者采用主观评价的"内容分析法"。

4.2.4.3　调节变量：年报文本特征

本书采用 WinGo 财经文本中的年报文本特征作为调节变量，分别从文本篇幅、文本可读性、文本相似度三个角度进行环境信息披露与融资约束之间关系的分析。其中用 *Words* 表示文本的篇幅，用 *Readability* 表示文本的可读性，用 *Similarity* 表示文本的相似性。

年报文本特征的篇幅（*Words*）：利用 WinGo 财经文本数据库中统计的年报文本的总词数来表示。进一步取其对数，进行标准化处理。*Words* 度量年报文本篇幅特征，其值越大，表示年报文本篇幅越长；反之，则表示年报文本篇幅越短。

年报文本特征的可读性（*Readability*）：利用 WinGo 财经文本数据库中年报文本的可读性指标来表示。该指标值越高，说明文本中词对搭配次序出现的频率越高，越容易理解，越容易读；反之，词组出现频率越低，则越难理解，文本可读性越差。$Readability = \dfrac{1}{N}\sum\limits_{s=1}^{N}\log P_s$，其中，$P_s$ 表示句子，s 表示生成的概率，N 表示构成文本的句子数量。

年报文本特征的相似性（*Similarity*）：本书利用 WinGo 财经文本数据库中的年度报告的文本相似度数据研究年报文本相似度。这些数据相似度的选择是基于潜在狄里奇（LDA）模型的构建。这种方法使我们能够识别整个年度报告的共同主题和模式，从而更深入地了解这些财务文件的文本内容。过程如下：首先对年报文本进行分词；然后对分词结果进行清洗，训练 LDA 模型，选择最优主题数，得到每个文档对应的文档－主题分布；最后利用余弦函数作为文本相似性的度量。*Similarity* 度量年报文本相似性特征，其值越大，表示文本之间的相似程度越高；其值越小，则表示相似程度越低。

4.2.4.4　控制变量

本书根据以往的研究经验，将企业规模、资产收益率、资产负债率、净利润增长率、固定资产比率、企业现金流量等因素纳入控制变量。

主要变量的定义说明如表4.4所示。

表4.4　　　　　　　　　　　　　　变量定义

变量类型	变量名称	变量符号	变量定义及说明
被解释变量	融资约束水平	*SA*	SA 指数（$SA = -0.737size + 0.043size \times size - 0.04age$，计算时取其绝对值）
解释变量	环境信息披露质量	*EID_Quality*	环境信息披露质量
	是否披露环境信息	*EID_Whether*	通过国泰安环境经济数据库查得，没有披露为 0；年报披露为 1；除年报外独立报告披露为 2

续表

变量类型	变量名称	变量符号	变量定义及说明
控制变量	发展能力	*Growth*	营业收入增长率
	偿债能力	*Lev*	资产负债率
	盈利能力	*ROE*	资产收益率
	现金流状况	*Cashflow*	经营活动现金流量净额
	独董比例	*IND*	独立董事数量除以董事会成员数量
	两职合一	*Dual*	当董事长和总经理二职合一取1，否则取0
	股权集中度	*TOP*10	第一大股东持股股数与总股数比（%）
	产权性质	*SOE*	国有企业为1，其他企业性质为0
	年份	*Year*	年度虚拟变量
	行业	*Industry*	行业虚拟变量
调节变量	年报文本篇幅	*Words*	年报文本中总字数取对数
	年报可读性	*Readability*	年报中每个分句的平均字数减去行业平均值
	年报相似度	*Similarity*	年报文本根据 Tf－idf 模型转化为向量模式，计算年报文本相似度

4.3　模型设计

4.3.1　检验上市公司环境信息披露与融资约束的关系

根据上文所述，本书参考哈德洛克和皮尔斯（Hadlock & Pierce，2010）构建的 SA 指数并取其绝对值来检验上市公司环境信息披露与融资约束之间的关联关系。其中，是否披露环境信息以及所披露信息的质量，均与上市公司融资约束呈现显著负相关关系。这表明上市公司以独立报告披露环境信息以及环境信息披露质量的提升，在一定程度上有助于缓解上市公司的融资约束，从而为上市公司经济发展提供更多的信贷和投资支持，进而促进上市公司的经济发展。

为了检验上述理论，构建如下模型来检验假设4.1a、假设4.1b：

$$SA_{i,t} = a_0 + a_1 EID_{i,t}\_Whether + a_i Controls_{i,t} + \sum Year + \sum Indus + \varepsilon_{i,t}$$

(4.1a)

$$SA_{i,t} = a_0 + a_1 EID_{i,t}\_Quality + a_i Controls_{i,t} + \sum Year + \sum Indus + \varepsilon_{i,t}$$

(4.1b)

其中：被解释变量 SA 代表融资约束的程度，由 SA 指数取绝对值得到；i、t 分别表示上市公司和年份；解释变量 $EID_{i,t}\_Whether$ 代表 i 公司在第 t 年是否披露了环境信息，未披露为 0，上市公司年报披露为 1，年报与独立报告双披露为 2；$EID_{i,t}\_Quality$ 代表 i 公司在第 t 年的环境信息披露质量；$\varepsilon_{i,t}$ 为随机干扰项；a_0 为截距项；其余变量均为控制变量；$Year$ 与 $Indus$ 为虚拟变量。

模型（4.1a）和模型（4.1b）用以检验上市公司环境信息以独立报告披露以及环境信息披露质量与上市公司融资约束之间的关联关系。此时核心关注的为 a_1 的符号与显著性，如果 a_1 的符号为负且显著，则说明环境信息披露与上市公司融资约束水平之间存在显著的负向关系。

4.3.2　检验年报文本特征的调节作用

在模型（4.1a）和模型（4.1b）的基础上增加年报文本特征（即年报篇幅、文本可读性与文本相似度）与对环境信息披露与上市公司融资约束之间关系的调节作用。年报文本特征所起到的调节作用主要包括：

（1）年报篇幅，采用年报总字数的自然对数，记作 $Words$。构建交叉相乘变量 $EID\_Whether \times Words$，研究年报的文本篇幅对独立披露环境信息和上市公司融资约束之间关系的调节作用；并构建交叉相乘变量 $EID\_Quality \times Words$，用以研究年报的文本篇幅对环境信息披露质量与上市公司融资约束之间的调节关系。为验证假设 4.2a、假设 4.2b，本书构建模型如下：

$$SA_{i,t} = a_0 + a_1 EID\_Whether_{i,t} + a_2 EID\_Whether_{i,t} \times Words_{i,t}$$

$$+ a_i Controls_{i,t} + \sum Year + \sum Indus + \varepsilon_{i,t} \qquad (4.2a)$$

$$SA_{i,t} = a_0 + a_1 EID\_Quality_{i,t} + a_2 EID\_Quality_{i,t} \times Words_{i,t}$$

$$+ a_i Controls_{i,t} + \sum Year + \sum Indus + \varepsilon_{i,t} \qquad (4.2b)$$

（2）年报可读性，采用年报可读性特征值，记作 *Readability*。构建交叉相乘变量 *EID_Whether* × *Readability*，用以研究年报的可读性对独立披露环境信息和上市公司融资约束之间关系的调节作用；构建交叉相乘变量 *EID_Quality* × *Readability*，用以研究年报的文本可读性对环境信息披露质量与上市公司融资约束之间的调节关系。为验证假设 4.2c、假设 4.2d，本书构建模型如下：

$$SA_{i,t} = a_0 + a_1 EID\_Whether_{i,t} + a_2 EID\_Whether_{i,t} \times Readability_{i,t}$$

$$+ a_i Controls_{i,t} + \sum Year + \sum Indus + \varepsilon_{i,t} \qquad (4.2c)$$

$$SA_{i,t} = a_0 + a_1 EID\_Quality_{i,t} + a_2 EID\_Quality_{i,t} \times Readability_{i,t}$$

$$+ a_i Controls_{i,t} + \sum Year + \sum Indus + \varepsilon_{i,t} \qquad (4.2d)$$

（3）年报相似度，记作 *Similarity*。构建交叉相乘变量 *EID_Whether* × *Similarity*，用以研究年报的文本相似性对独立披露环境信息和上市公司融资约束之间关系的调节作用；构建交叉相乘变量 *EID_Quality* × *Similarity*，用以研究年报的文本相似性对环境信息披露质量与上市公司融资约束之间的调节关系。为验证假设 4.2e、假设 4.2f，本书构建模型如下：

$$SA_{i,t} = a_0 + a_1 EID\_Whether_{i,t} + a_2 EID\_Whether_{i,t} \times Similarity_{i,t}$$

$$+ a_i Controls_{i,t} + \sum Year + \sum Indus + \varepsilon_{i,t} \qquad (4.2e)$$

$$SA_{i,t} = a_0 + a_1 EID\_Quality_{i,t} + a_2 EID\_Quality_{i,t} \times Similarity_{i,t}$$

$$+ a_i Controls_{i,t} + \sum Year + \sum Indus + \varepsilon_{i,t} \qquad (4.2f)$$

4.4 实证结果分析

4.4.1 描述性统计分析

本节变量的描述性统计结果如表4.5所示。

表4.5 样本描述性统计

变量	样本	均值	标准差	中位数	最小值	最大值
SA	4200	3.825	0.257	3.829	2.160	4.794
EID_ Whether	4200	1.201	0.611	1	0	2
EID_ Quality	4200	0.431	0.225	0.425	0	0.921
Growth	4200	0.161	0.369	0.108	−0.595	4.806
Lev	4200	0.426	0.202	0.428	0.031	0.925
ROE	4200	0.073	0.099	0.068	−1.112	0.397
Cashflow	4200	0.056	0.064	0.055	−0.200	0.257
Dual	4200	0.208	0.406	0	0	1
Indep	4200	0.368	0.0497	0.333	0.333	0.600
Top	4200	0.360	0.151	0.345	0.084	0.758
SOE	4200	0.436	0.496	0	0	1
Words	4200	9.988	0.287	9.985	9.081	11.17
Readability	4200	−18.290	2.227	−18.200	−35.240	−10.390
Similarity	4200	0.866	0.159	0.942	0.166	1.000

根据相关变量的概念界定，本书将涉及的有效样本（N = 4200）的主要变量进行了描述性统计。我们从表4.5观察出融资约束 *SA* 是衡量上市公司融资约束水平的重要指标，最大值为4.794，最小值为2.160，中位数为3.829，表明融资约束是我国大部分重污染行业上市公司面临的现实问题，这与我国大部分上市公司存在融资约束的实际发展状况相契合。核

心自变量是否披露环境信息 *EID_Whether* 最小值为 0，表示没有环境信息披露；最大值为 2，表示有独立报告对环境信息进行披露；平均数为 1.201，表明是否独立报告进行环境信息披露的上市公司之间差距较大。环境信息披露质量 *EID_Quality*，得分最大值为 0.921，最小值为 0，平均值为 0.431，描述性统计结果表明我国重污染行业上市公司对外公布的环境信息质量有待进一步改善。

从环境信息披露的统计结果来看，我们有必要对上市公司环境信息披露的数量和质量展开进一步考察。从环境信息披露数量和披露质量的统计结果来看，这两个指标的标准差均大于环境信息披露解释变量的标准差。由此可见，尽管上市公司均进行了环境信息披露，但各上市公司的实际披露行为，即披露多少信息、披露什么样的信息，尚存在一定的差异性。

对于财务层面的控制变量，发展能力 *Growth* 的最小值为 - 0.595，最大值为 4.806，平均值为 0.161。偿债能力 *Lev* 为企业债务水平的衡量指标，平均值为 0.426，说明观测期间内重污染行业上市公司平均存在 42.6% 的债务水平。上市公司盈利能力 *ROE* 的平均值为 0.073，上市公司的现金流状况 *Cashflow* 平均值为 0.056，都还有进一步提升的空间。

对于公司治理层面的控制变量，独董比例 *Indep*、两职合一 *Dual*、股权集中度 *Top* 是衡量上市公司公司治理变量的三个指标，其中，独董比例是独立董事人数与董事会人数的比值，最小值为 0.333，最大值为 0.600；两职合一为 0 - 1 分布的虚拟变量，平均值为 0.208，最小值为 0，最大值为 1；股权集中度为前十大股东占比之和，平均值为 0.360，中位数为 0.345。

对于上市公司自身特征的控制变量，产权性质 *SOE* 为 0 - 1 分布的虚拟变量，平均值为 0.436。相关变量均分布在合理区间。

4.4.2　相关性分析与估计方法选取

表4.6 列出了模型中主要系数的相关性分析结果。可知，是否披露环境信息为独立报告 *EID_Whether* 与企业融资约束水平 *SA* 之间的相关系数值

表4.6　相关性分析

变量	SA	EID_Whether	EID_Quality	Growth	Lev	ROE	Cashflow	Dual	Indep	Top	SOE
SA	1										
EID_Whether	-0.04***	1									
EID_Quality	-0.04***	0.35***	1								
Growth	0.00	-0.04**	-0.03**	1							
Lev	0.02	0.16***	0.27***	-0.02	1						
ROE	-0.02	0.04**	-0.10***	0.23***	-0.23***	1					
Cashflow	-0.03*	0.13***	0.06***	0.03*	-0.09***	0.38***	1				
Dual	0.04**	-0.12***	-0.11***	0.01	-0.13***	0.01	-0.03**	1			
Indep	0.00	0.01	-0.03*	-0.02	-0.01	-0.02	-0.02	0.10***	1		
Top	-0.31***	0.13***	0.16***	0.03**	0.13***	0.07***	0.10***	-0.09***	0.05***	1	
SOE	-0.08***	0.26***	0.25***	-0.07***	0.37***	-0.09***	0.05***	-0.23***	-0.03*	0.27***	1

注：***、**、* 分别代表在1%、5%和10%水平上显著。

为 -0.04，在 1% 的水平上显著，说明两者存在显著的负向相关关系，即环境信息披露独立报告水平越高，公司融资约束越低。环境信息披露质量 *EID_Quality* 与企业融资约束水平 *SA* 之间的相关系数值为 -0.04，在 1% 的水平上显著，说明两者存在显著的负向相关关系，即环境信息披露质量越高，公司所面临的融资约束越低，企业环境融资约束能力越强。

对于控制变量与企业融资约束水平 *SA* 之间的相关关系，可以看出，发展能力 *Growth*、两职合一 *Dual*、偿债能力 *Lev*、独董比例 *Indep* 与 *SA* 之间的相关系数值为正，股权集中度 *Top*、产权性质 *SOE* 与 *SA* 之间的相关系数显著为负。

从表 4.6 中可以看出，由于自变量与控制变量之间相关系数的绝对值较小，因此不太可能存在多重共线性。因此，理论上可以放在同个多元回归模型中进行分析。但是为了更加科学严谨地对待共线性情况的存在，本书进一步对模型中的所有变量进行了 VIF 多重共线性检验，结果如表 4.7 所示。

表 4.7　　　　　　　　　　　　主要 VIF 检验

变量	VIF	1/VIF
EID_Whether	1.21	0.82
EID_Quality	1.24	0.80
Growth	1.07	0.93
Lev	1.27	0.78
ROE	1.31	0.76
Cashflow	1.20	0.83
Dual	1.08	0.92
Indep	1.02	0.98
Top	1.11	0.89
SOE	1.34	0.74

如表 4.7 所示，各变量的差异通胀因子 VIF 值均小于 2，其远远低于

临界值10，这说明变量之间不存在实质性的多重共线性问题。各模型的拟合优度均大于0.5，其变量解释力相对较好。

为了寻找更适合的估计方法，本书运用下列检验方法对模型（4.1a）、模型（4.1b）、模型（4.2a）、模型（4.2b）、模型（4.2c）、模型（4.2d）、模型（4.2e）、模型（4.2f）进行筛选：本书利用 Hausman 检验判断适合固定效应还是随机效应，P 值小于0.01，检验结果拒绝原假设，表明在本书的面板数据下，模型（4.1a）、模型（4.1b）、模型（4.2a）、模型（4.2b）、模型（4.2c）、模型（4.2d）、模型（4.2e）、模型（4.2f）的固定效应显著，回归分析时应该采用固定效应模型。此外，本书又进行了组间异方差检验，序列相关检验如表4.8所示，均通过了显著性检验。

表4.8　　　　　　　　　　　**检验结果**

Hausman 检验	异方差检验	序列相关检验
chi2(11) = 72.62	chi2(525) = 7.8525	F(1,524) = 3641.919
Prob > chi2 = 0.0000	Prob > chi2 = 0.0000	Prob > F = 0.0000

4.4.3　多元回归分析

表4.9给出了环境信息披露对融资约束的逐步回归结果。

表4.9　　　　　　　　**环境信息披露对融资约束的回归结果**

项目	(1)	(2)	(3)	(4)
	SA	SA	SA	SA
EID_Whether	− 0.0379 *** (− 6.3484)	− 0.0347 *** (− 5.7835)		
EID_Quality			− 0.1374 *** (− 5.1255)	− 0.1166 *** (− 4.4055)

续表

项目	（1）	（2）	（3）	（4）
	SA	SA	SA	SA
Growth		−0.0063 （−0.6544）		−0.0050 （−0.5199）
Lev		0.1567 *** （7.9702）		0.1544 *** （7.8427）
ROE		0.0935 ** （2.3634）		0.0840 ** （2.1219）
Cashflow		−0.1006 * （−1.6947）		−0.1124 * （−1.8941）
Dual		0.0054 （0.6242）		0.0060 （0.6927）
Indep		0.0216 （0.3136）		0.0010 （0.0147）
Top		−0.3702 *** （−14.7565）		−0.3716 *** （−14.7763）
SOE		0.0135 （1.6378）		0.0083 （1.0173）
_cons	3.6972 *** （283.2741）	3.7428 *** （124.5428）	3.7068 *** （251.7292）	3.7603 *** （120.6662）
年份效应	YES	YES	YES	YES
行业效应	YES	YES	YES	YES
N	4200	4200	4200	4200
R^2_a	0.2388	0.2881	0.2363	0.2857

注：*** 、** 、* 分别代表在1%、5%和10%水平上显著。

表4.9的列（1）为未考虑外部因素时，是否披露环境信息 *EID_Whether* 与企业融资约束水平 *SA* 之间的纯粹一元回归关系，此时核心回归系数值为 −0.0379，在1%的水平上显著，说明两者存在显著的负向回归关系。即，上市公司披露环境信息，特别是以独立报告的形式披露环境信息，对公司的融资约束程度的缓解作用越强。

表4.9的列（2）考虑了公司财务层面、内部治理层面等控制变量，此时核心回归系数值为 −0.0347，在1%的水平上显著，进一步说明是否披露环境信息 *EID_Whether* 与上市公司融资约束水平 *SA* 两者之间存在显著的负向回归关系。

表4.9的列（3）为未考虑外部因素时，环境信息披露质量 *EID_Quality* 与上市公司融资约束水平 *SA* 之间的纯粹一元回归关系，此时核心回归系数值为 −0.1374，在1%的水平上显著，说明两者存在显著的负向回归关系。即，上市公司环境信息披露质量越高，公司融资约束程度越低，可以有效缓解企业的融资困境。

表4.9的列（4）考虑了公司财务层面、内部治理层面等控制变量，此时核心回归系数值为 −0.1166，在1%的水平上显著，进一步说明两者存在显著的负向回归关系。即，环境信息披露质量 *EID_Quality* 与上市公司融资约束水平 *SA* 两者之间存在显著的负相关关系。

上述研究结果表明，在年度报告中披露环境信息，特别是在独立的环境报告中披露环境信息的上市公司，具有较强的缓解融资约束的能力。同时，具有较高的环境信息披露质量往往也具有较强的缓解融资约束能力。这些结果表明，详细和透明的上市公司环境信息披露，能够有效缓解公司融资约束。从而验证了本书的基本假设4.1a与假设4.1b。环境信息披露作为一项环境规制方式，蕴含了企业的策略性行为，即，是否披露以及披露什么样的环境信息均由上市公司根据披露后果自行衡量。因此，从是否披露这一角度而言，环境信息披露质量对上市公司环境行为有着明显的约束作用，同时环境信息披露质量的提升有助于缓解利益主体间的信息不对称，并且企业通过环境信息披露，增进了投资者、消费者等对企业的了解信任，展示了上市公司的社会责任，从而一定程度上有助于上市公司获得更多的融资支持和消费者投票，进而促进上市公司缓解融资约束。

4.4.4　年报文本特征的调节作用

上文已经证明，环境信息披露质量 $EID\_Quality$ 与上市公司融资约束水平 SA 之间存在显著的负向回归关系，即环境信息披露质量越高，上市公司融资约束性越低。

本节主要检验年报的调节作用，表4.10给出了主要回归结果。

表 4.10　　　　　　　　　　年报文本特征相关调节作用

项目	(1)	(2)	(3)	(4)	(5)	(6)
	SA	SA	SA	SA	SA	SA
$EID\_Whether$	-0.0269^{***} (-4.4368)	-0.0274^{***} (-4.5674)	-0.0344^{***} (-5.7353)			
$EID\_Quality$				-0.0644^{**} (-2.4225)	-0.0983^{***} (-3.7463)	-0.1152^{***} (-4.3470)
$Words$	-0.1196^{***} (-8.0141)			-0.1280^{***} (-8.6960)		
$Readability$		-0.0066^{***} (-4.0175)			-0.0083^{***} (-5.1165)	
$Similarity$			0.0599^{**} (2.2249)			0.0549^{**} (2.0096)
$EID\_Whether \times Words$	-0.1123^{***} (-5.6928)					
$EID\_Quality \times Words$				-0.3421^{***} (-6.3062)		

续表

项目	（1）	（2）	（3）	（4）	（5）	（6）
	SA	SA	SA	SA	SA	SA
EID_Whether × Readability		− 0. 0207 *** （ − 8. 4640）				
EID_Quality × Readability					− 0. 0559 ** （ − 8. 3423）	
EID_Whether × Similarity			0. 1031 *** （2. 8151）			
EID_Quality × Similarity						0. 2666 *** （2. 6557）
Growth	− 0. 0041 （ − 0. 4346）	− 0. 0054 （ − 0. 5745）	− 0. 0078 （ − 0. 8199）	− 0. 0008 （ − 0. 0858）	− 0. 0021 （ − 0. 2181）	− 0. 0059 （ − 0. 6207）
Lev	0. 1761 *** （9. 0035）	0. 1683 *** （8. 5845）	0. 1587 *** （8. 0696）	0. 1785 *** （9. 1244）	0. 1660 *** （8. 4560）	0. 1561 *** （7. 9255）
ROE	0. 1115 *** （2. 8456）	0. 1054 *** （2. 6902）	0. 0938 ** （2. 3726）	0. 1087 *** （2. 7791）	0. 0987 ** （2. 5207）	0. 0875 ** （2. 2141）
Cashflow	− 0. 1117 * （ − 1. 9014）	− 0. 0906 （ − 1. 5430）	− 0. 0964 （ − 1. 6262）	− 0. 1129 * （ − 1. 9254）	− 0. 1008 * （ − 1. 7175）	− 0. 1129 * （ − 1. 9031）
Dual	0. 0050 （0. 5822）	0. 0078 （0. 9169）	0. 0056 （0. 6446）	0. 0060 （0. 7011）	0. 0072 （0. 8437）	0. 0061 （0. 7095）
Indep	0. 0498 （0. 7307）	0. 0501 （0. 7347）	0. 0200 （0. 2901）	0. 0303 （0. 4442）	− 0. 0020 （ − 0. 0297）	− 0. 0063 （ − 0. 0912）
Top	− 0. 3551 *** （ − 14. 2931）	− 0. 3612 *** （ − 14. 5351）	− 0. 3687 *** （ − 14. 7100）	− 0. 3626 *** （ − 14. 5746）	− 0. 3632 *** （ − 14. 5831）	− 0. 3698 *** （ − 14. 7219）
SOE	0. 0102 （1. 2389）	0. 0136 * （1. 6566）	0. 0130 （1. 5715）	0. 0062 （0. 7640）	0. 0096 （1. 1876）	0. 0076 （0. 9326）

续表

项目	（1）	（2）	（3）	（4）	（5）	（6）
	SA	SA	SA	SA	SA	SA
_cons	4. 8950 ***	3. 8380 ***	3. 7964 ***	4. 9845 ***	3. 8974 ***	3. 8105 ***
	（33. 2541）	（92. 9987）	（97. 0531）	（34. 3497）	（93. 3787）	（94. 1168）
年份效应	YES	YES	YES	YES	YES	YES
行业效应	YES	YES	YES	YES	YES	YES
N	4200	4200	4200	4200	4200	4200
R^2_a	0. 3047	0. 3037	0. 2900	0. 3050	0. 3020	0. 2876

注：*** 、** 、* 分别代表在 1% 、5% 和 10% 水平上显著。

从表 4. 10 中可以看出，$EID\_Whether \times Words$ 的回归系数值 -0. 1123 在 1% 的水平上显著，说明年报篇幅对独立披露环境信息与上市公司融资约束之间的关系具有强化作用，进一步强化了独立披露环境信息对缓解融资约束的效果。$EID\_Quality \times Words$ 的回归系数值 -0. 3421 在 1% 的水平上显著，说明年报篇幅对环境信息披露质量与上市公司融资约束水平之间的关系具有负向调节作用；即年报文本篇幅越长，越强化环境信息披露质量对上市公司融资约束缓解程度的促进作用。

$EID\_Whether \times Readability$ 的回归系数值 -0. 0207 在 1% 的水平上显著，说明年报可读性对独立披露环境信息与上市公司融资约束之间的关系具有负向调节作用，强化了独立披露环境信息缓解融资约束的效果。$EID\_Quality \times Readability$ 的回归系数值 -0. 0559 在 5% 的水平上显著，说明年报可读性对环境信息披露质量与上市公司融资约束水平之间的关系具有负向调节作用；即年报文本可读性越强，越能强化环境信息披露质量对上市公司融资约束的缓解作用。

$EID\_Whether \times Similarity$ 的回归系数值 0. 1031 在 1% 的水平上显著，说明年报文本相似度对独立披露环境信息与上市公司融资约束之间的关系具有正向调节作用，弱化了独立披露环境信息缓解融资约束的效果。$EID\_$

Quality × *Similarity* 的回归系数值 0. 2666 在 1% 的水平上显著，说明年报文本相似度对环境信息披露质量与上市公司融资约束水平之间的关系具有正向调节作用；即年报文本越相似，越弱化环境信息披露质量对上市公司融资约束的缓解作用。

4.4.5 异质性检验

本书进一步进行了异质性检验，检验结果见表 4.11。

表 4.11　　　　　　　　　　　　异质性检验

项目	非国有	国有	非国有	国有
	（1）	（2）	（3）	（4）
	SA	SA	SA	SA
EID_Whether	0. 1986 *** （14. 8830）	− 0. 0601 *** （− 9. 4027）		
EID_Quality			0. 7474 *** （16. 7390）	− 0. 0772 *** （− 3. 6290）
Growth	0. 0545 *** （2. 6481）	0. 0200 * （1. 8287）	0. 0346 * （1. 6954）	0. 0207 * （1. 8804）
Lev	0. 9454 *** （23. 0363）	− 0. 1742 *** （− 7. 9893）	0. 8789 *** （21. 2225）	− 0. 1783 *** （− 8. 0784）
ROE	0. 2814 *** （3. 1185）	− 0. 0542 （− 1. 2760）	0. 4003 *** （4. 4888）	− 0. 0705 （− 1. 6423）
Cashflow	0. 7780 *** （6. 3136）	− 0. 2402 *** （− 3. 3626）	0. 7398 *** （6. 0386）	− 0. 2817 *** （− 3. 9123）
Dual	− 0. 0330 ** （− 1. 9623）	0. 0302 ** （2. 4031）	− 0. 0267 （− 1. 5941）	0. 0323 ** （2. 5410）

续表

项目	非国有	国有	非国有	国有
	(1)	(2)	(3)	(4)
	SA	*SA*	*SA*	*SA*
Indep	7.9040 *** (104.1544)	−0.0182 (−0.2357)	7.7964 *** (101.5881)	−0.0482 (−0.6172)
Top	0.4225 *** (7.7794)	−0.4848 *** (−17.7440)	0.3360 *** (6.1884)	−0.5200 *** (−19.0763)
_cons	0.0544 *** (2.5931)	−0.0604 *** (−6.9955)	0.0409 ** (1.9648)	−0.0603 *** (−6.8744)
Year	YES	YES	YES	YES
Indus	YES	YES	YES	YES
Obs.	4200	4200	4200	4200
R^2	0.9640	0.9930	0.9644	0.9929

注：***、**、*分别代表在1%、5%和10%水平上显著。

基于产权性质异质性，对于非国有上市公司，是否披露环境信息 *EID_Whether* 与企业融资约束水平 *SA* 之间的核心回归系数值为 0.1986，在 1%的水平上正向显著；对于国有上市公司，核心回归系数值为 −0.0601，在1%的水平上负向显著。环境信息披露质量 *EID_Quality* 与企业融资约束水平 *SA* 之间的核心回归系数值为 0.7474，在 1%的水平上正向显著；对于国有上市公司，*EID_Quality* 与上市公司融资约束水平 *SA* 之间的核心回归系数值为 −0.0772，在 1%的水平上负向显著。以上结果说明两者关系在国有上市公司中更加显著，国有上市公司中环境信息披露对企业融资约束的影响作用更强。由于产权性质的不同，国有上市公司和非国有上市公司在融资约束、资金实力等方面亦有所差异。国有上市公司所受到的信贷约束要明显低于非国有上市公司，而资金实力明显高于非国有上市公司。

两类上市公司在环境信息披露的功效方面是否也会有明显差异呢？从

表 4.11 的估计结果来看，对非国有上市公司而言，公司是否利用独立报告披露环境信息，以及环境信息披露的质量对企业的融资约束均产生显著的正向影响；而对于国有上市公司，是否披露环境信息与环境信息披露质量均产生显著的负向影响。这也在一定程度上反映出，由于非国有上市公司受到的预算约束较强、资金实力较弱，它们对环境信息披露所产生的影响较为敏感，从而倒逼非国有上市公司加强环境信息披露的主动性，提高披露质量，改善污染状况；而国有上市公司本身具备良好的资金条件和较强的实力，也具有良好的社会责任与声誉，因而它们进行环境信息披露行为更多的是一种自觉履行社会责任的行为，而非受强制要求环境信息披露的影响。

4.5 稳健性检验

为了检验本书结论的稳健性，本书采用替换因变量的计算方法进行稳健性检验。本书运用 *WW* 指数模型作为融资约束的替代变量，对制度环境、社会责任信息披露与融资约束间的关系进行稳健性检验。具体模型如下：在基本回归中，本书使用 *WW* 指数的方法对企业融资约束水平进行衡量，在稳健性检验中，本书使用 *WW* 作为其替代变量。表 4.12 报告了主要回归结果。

表 4.12　　　　　　　　稳健性检验：替换因变量

项目	(1)	(2)	(3)	(4)
	WW	*WW*	*WW*	*WW*
EID_Whether	− 0.0294 *** (− 10.5467)	− 0.0214 *** (− 8.1019)		
EID_Quality			− 0.1015 *** (− 8.0960)	− 0.0715 *** (− 6.1283)

续表

项目	（1）	（2）	（3）	（4）
	WW	*WW*	*WW*	*WW*
Growth		− 0. 0765 *** （ − 18. 1965）		− 0. 0757 *** （ − 17. 9592）
Lev		− 0. 0857 *** （ − 9. 9040）		− 0. 0871 *** （ − 10. 0391）
ROE		− 0. 1788 *** （ − 10. 2675）		− 0. 1847 *** （ − 10. 5904）
Cashflow		− 0. 1386 *** （ − 5. 3084）		− 0. 1459 *** （ − 5. 5796）
Dual		0. 0043 （ 1. 1217）		0. 0046 （ 1. 2172）
Indep		0. 0204 （0. 6741）		0. 0078 （0. 2563）
Top		− 0. 0878 *** （ − 7. 9548）		− 0. 0887 *** （ − 8. 0023）
SOE		− 0. 0070 * （ − 1. 9382）		− 0. 0103 *** （ − 2. 8476）
_cons	− 0. 9535 *** （ − 156. 8090）	− 0. 8624 *** （ − 65. 2371）	− 0. 9477 *** （ − 137. 6202）	− 0. 8517 *** （ − 62. 0319）
年份效应	YES	YES	YES	YES
行业效应	YES	YES	YES	YES
N	4200	4200	4200	4200
R^2_a	0. 1238	0. 2696	0. 1143	0. 2647

注： *** 、 ** 、 * 分别代表在1% 、5% 和10% 水平上显著。

表 4.12 中的列（1）为未考虑外部因素时，是否披露环境信息 *EID_Whether* 与企业融资约束 *WW* 之间的回归关系，此时核心回归系数值为 -0.0294，在 1% 的水平上显著，说明两者存在显著的负向回归关系。即上市公司披露环境信息，特别是以独立报告的形式披露环境信息，对企业的融资约束程度有较强的缓解作用。

表 4.12 的列（2）考虑了公司财务层面、内部治理层面等控制变量，此时核心回归系数值为 -0.0214，在 1% 的水平上显著，进一步说明是否披露环境信息 *EID_Whether* 与企业融资约束 *WW* 两者之间存在显著的负向回归关系。

表 4.12 的列（3）为未考虑外部因素时，环境信息披露质量 *EID_Quality* 与企业融资约束 *WW* 之间的回归关系，此时核心回归系数值为 -0.1015，在 1% 的水平上显著，说明两者存在显著的负向回归关系。即上市公司环境信息披露质量越高，企业融资约束程度越低，环境信息披露质量可以有效缓解企业的融资困境。

表 4.12 的列（4）考虑了公司财务层面、内部治理层面等控制变量，此时核心回归系数值为 -0.0715，在 1% 的水平上显著，进一步说明环境信息披露质量 *EID_Quality* 与企业融资约束 *WW* 两者之间存在显著的负向回归关系。

可以看出，替换被解释变量计算方法后，无论是否考虑控制变量，核心自变量 *EID_Whether* 与 *EID_Quality* 的回归系数值均通过了显著性检验，在 1% 的水平上显著，与前文结果基本一致，进一步说明披露环境信息报告，特别是用独立的报告进行环境信息披露，可以有效缓解环境企业的融资约束程度。环境信息披露质量 *EID_Quality* 与企业融资约束 *WW* 之间存在显著的负向回归关系，即环境信息披露质量越高，对企业融资约束程度的缓解能力越强。

为了检验本书结论的稳健性，本书利用 GMM 模型进一步对主回归模型进行稳健性检验。表 4.13 报告了主要回归结果。

表 4.13   稳健性检验：GMM 模型检验

项目	（1）	（2）
	model_GMM1	model_GMM2
L. SA	1.061*** (0.0165)	1.050*** (0.0156)
EID_Whether	-0.00442*** (0.00128)	
EID_Quality		-0.00967** (0.00431)
_cons	-0.177*** (0.0622)	-0.136** (0.0594)
N	4200	4200
AR(1)	-5.58***	-5.54***
AR(2)	0.44	0.45
Sargan 检验	99.64	76.28

注：***、**、*分别代表在1%、5%和10%水平上显著。

使用系统 GMM 模型，从表 4.13 可知，$AR（1）$ 的结果显著，$AR（2）$ 不显著；$Sargan$ 检验不显著，证明了选择使用系统 GMM 模型合理。$L. SA$ 显著，表明上一期的融资约束对当期产生了影响。

表 4.13 中列（1）为未考虑外部因素时，是否披露环境信息 $EID\_Whether$ 与企业融资约束 SA 之间的纯粹一元回归关系，此时核心回归系数值为 -0.00442，在 1% 的水平上显著，说明两者存在显著的负向回归关系。即上市公司披露环境信息，特别是以独立报告的形式披露环境信息，对企业的融资约束程度的缓解作用较强。

表 4.13 中列（2）为未考虑外部因素时，环境信息披露质量 $EID\_Quality$ 与企业融资约束 SA 之间的纯粹一元回归关系，此时核心回归系数值为 -0.00967，在 5% 的水平上显著，说明两者存在显著的负向回归关

系。即上市公司环境信息披露质量越高，企业融资约束程度越低，可以有效缓解企业的融资困境。

综上所述。*EID_Whether* 显著和 *EID_Quality* 显著证明了基准模型的合理性。

表 4.14 为调节效应的稳健性检验。

表 4.14 调节效应的稳健性检验

项目	(1)	(2)	(3)	(4)	(5)	(6)
	WW	*WW*	*WW*	*WW*	*WW*	*WW*
EID_Whether	-0.0159 *** (-6.4908)	-0.0186 *** (-7.6455)	-0.0221 *** (-9.1077)			
EID_Quality				-0.0527 *** (-5.0045)	-0.0651 *** (-6.2366)	-0.0749 *** (-7.0697)
Words	-0.0781 *** (-13.0785)			-0.0820 *** (-13.9130)		
Readability		-0.0067 *** (-10.2808)			-0.0072 *** (-11.0660)	
Similarity			0.0004 (0.0389)			0.0034 (0.3013)
EID_Whether × *Words*	-0.0082 *** (-1.0654)					
EID_Quality × *Words*				-0.0536 ** (-2.5505)		
EID_Whether × *Readability*		-0.0009 ** (-0.9474)				
EID_Quality × *Readability*					-0.0119 *** (-4.5004)	

续表

项目	(1)	(2)	(3)	(4)	(5)	(6)
	WW	WW	WW	WW	WW	WW
EID_Whether × Similarity			0.0698 *** (4.5782)			
EID_Quality × Similarity						0.0377 ** (0.9019)
Growth	−0.0710 *** (−18.4359)	−0.0717 *** (−18.5277)	−0.0746 *** (−19.1130)	−0.0701 *** (−18.2526)	−0.0707 *** (−18.3073)	−0.0734 *** (−18.7274)
Lev	−0.0751 *** (−9.6284)	−0.0769 *** (−9.7818)	−0.0872 *** (−11.0608)	−0.0747 *** (−9.5532)	−0.0774 *** (−9.8393)	−0.0884 *** (−11.1443)
ROE	−0.1482 *** (−10.4190)	−0.1502 *** (−10.4938)	−0.1566 *** (−10.8452)	−0.1497 *** (−10.5270)	−0.1526 *** (−10.6726)	−0.1615 *** (−11.1319)
Cashflow	−0.1680 *** (−7.2919)	−0.1582 *** (−6.8256)	−0.1544 *** (−6.6025)	−0.1728 *** (−7.5132)	−0.1635 *** (−7.0758)	−0.1633 *** (−6.9561)
Dual	0.0040 (1.1707)	0.0047 (1.3773)	0.0048 (1.3965)	0.0041 (1.2029)	0.0048 (1.4112)	0.0047 (1.3642)
Indep	0.0231 (0.8599)	0.0193 (0.7140)	0.0104 (0.3821)	0.0165 (0.6145)	0.0076 (0.2812)	0.0017 (0.0634)
Top	−0.0793 *** (−7.9775)	−0.0819 *** (−8.1910)	−0.0863 *** (−8.5617)	−0.0801 *** (−8.0368)	−0.0819 *** (−8.1846)	−0.0883 *** (−8.6965)
SOE	−0.0105 *** (−3.2381)	−0.0087 *** (−2.6845)	−0.0067 ** (−2.0456)	−0.0126 *** (−3.9264)	−0.0108 *** (−3.3563)	−0.0097 *** (−2.9777)
_cons	−0.1065 * (−1.8073)	−0.7448 *** (−45.0321)	−0.8628 *** (−54.4151)	−0.0621 (−1.0681)	−0.7287 *** (−43.7234)	−0.8481 *** (−51.7389)

续表

项目	(1)	(2)	(3)	(4)	(5)	(6)
	WW	*WW*	*WW*	*WW*	*WW*	*WW*
年份效应	YES	YES	YES	YES	YES	YES
行业效应	YES	YES	YES	YES	YES	YES
N	4725	4725	4725	4725	4725	4725
R^2_a	0.3060	0.2967	0.2834	0.3050	0.2970	0.2752

注：***、**、*分别代表在1%、5%和10%水平上显著。

从表4.14中可以看出，$EID\_Whether \times Words$ 的回归系数值 -0.0082 在1%的水平上显著，研究结果表明，年报的长度对环境信息是否独立披露和上市公司融资约束之间的关系具有负向调节作用。具体来说，较长的年度报告强化了环境信息披露对上市公司融资约束的缓解作用。这些结果强调了考虑报告长度对环境信息披露在缓解上市公司融资约束方面的有效性的潜在影响的重要性。$EID\_Quality \times Words$ 的回归系数值 -0.0536 在5%的水平上显著，说明年报篇幅对环境信息披露质量与上市公司融资约束水平之间的关系具有负向调节作用。即年报中披露环境信息的文本篇幅越长，对环境信息披露质量与上市公司融资约束缓解程度起到的促进作用越大。

$EID\_Whether \times Readability$ 的回归系数值 -0.0009 在5%的水平上显著，研究显示，年报的可读性对环境信息披露和上市公司融资约束之间的关系具有负向调节作用。具体来说，较强的年报可读性加强了环境信息披露对缓解上市公司融资约束的作用。透明和易懂的环境信息披露有可能提高旨在减少上市公司融资约束的财务战略的有效性。$EID\_Quality \times Readability$ 的回归系数值 -0.0119 在1%的水平上显著，说明年报可读性对环境信息披露质量与上市公司融资约束水平之间的关系具有负向调节作用。即年报文本可读性越强，对环境信息披露质量与上市公司融资约束缓解程度起到的促进作用越大。

$EID\_Whether \times Similarity$ 的回归系数值 0.0698 在 1% 的水平上显著，研究显示，年报的相似性对环境信息披露和上市公司融资约束之间的关系具有正向调节作用。具体来说，较强的年报相似性，削弱了环境信息披露对缓解上市公司融资约束的作用。$EID\_Quality \times Similarity$ 的回归系数值 0.0377 在 5% 的水平上显著，说明年报文本相似度对环境信息披露质量与企业融资约束水平之间的关系具有正向调节作用。即年报文本越相似，越削弱环境信息披露质量对企业融资约束的缓解程度。

4.6　本章小结

本章通过文献回顾，对国内外企业环境信息披露水平及其与融资约束之间关系的有关研究成果进行归纳整理，运用 2010～2018 年我国沪深两市 A 股重污染行业 895 家上市公司的研究样本，利用其环境信息披露质量，在控制公司规模、杠杆水平、成长性、公司治理水平等一系列特征变量的情况下，构建了固定效应模型，探究环境信息披露指数与融资约束之间的关系，并深入分析了年报文本特征中的文本篇幅、文本相似性和文本可读性在其中的调节作用；并以 WW 指数作为衡量融资约束的替代模型进行稳健性检验，证明了基准回归的稳健性。

本章得出以下结论：

（1）在重污染行业中，上市公司独立报告披露环境信息以及提高环境信息披露质量，对融资约束有显著的缓解作用。此外，上市公司产权性质对于减轻环境信息披露的融资限制也起到了很大的作用。国有上市公司的环保信息披露水平愈高，其对降低融资限制的效果愈显著。

（2）年报文本篇幅和年报文本可读性对环境信息披露水平与上市公司融资约束之间的关系具有反向调节作用。这意味着，年报文本篇幅越长，年报文本可读性越强，越能促进上市公司环境信息披露质量的提高对上市公司融资约束带来的缓解作用。在重污染行业中，上市公司所面临的可用资金减少也将导致资金流动性压力上升。因此，年报文本篇幅和年报文本可读性的增强会使得上市公司的经营风险和财务风险有效下降，有助于上市公司融资约束程度的降低。

（3）文本相似性对环境信息披露质量与企业融资约束之间关系具有正向调节作用。研究表明，文本相似性越强，环境信息披露缓解公司的融资约束的力度越弱，从而抑制了环境信息披露质量对上市公司融资约束的缓解作用。因此，年报文本相似性的增强会使得上市公司的经营风险和财务风险上升，不利于缓解上市公司融资约束。

第 5 章

上市公司环境信息披露
对企业价值的影响

5.1 研究假设

环境信息与企业价值的实证研究目前在学术界尚未得到一致的结论。布莱克尼尔和彭定康（Blacconiere & Patten，1994）研究指出，尽管企业在发生重大环境事故后，企业价值会大幅跳水，但环境披露水平高的企业，其企业价值的跌幅较小。此外，岩田聪（Iwata，2014）比较了强制性环境披露与自愿性环境披露下企业在污染控制方面的投资，结果发现企业在强制性信息披露下对治理污染的投资更多，但这也降低了企业利润，影响了企业价值。这些研究也是企业环境披露与企业价值之间联系的早期探索。这些结论均为探讨环境信息披露与企业价值的联系提供了证据，但以上的研究仅针对部分企业的特定环境事件，并没有对企业的综合环境披露水平进行研究。

弗里德曼（Friedman，1962）研究指出，环境信息披露水平与企业价值两者呈负相关关系，披露环境信息的公司常常是环境投资较大、污染较重的企业，环保成本在一定程度上压缩了企业的利润空间，降低了企业的盈利水平。此外，汉密尔顿（Hamilton，1995）、科纳和科恩（Konar & Cohen，1997）、拉诺和拉普兰特（Lanoie & Laplante，1994）调查了美国和加拿大的股市对有毒物质排放清单披露及企业环境信息新闻的反应，他们认为环境资讯的公开会对公司的价值产生负面的影响。理查森和韦尔克（Richardson and Welker，2001）研究了加拿大的样本公司在年度报告中环境披露与企业价值之间的关系，研究发现，改善环境信息披露水平会提高公司的股权权益融资成本，进而降低企业价值。常凯（2015）、蒋琰等（2020）、陶克涛等（2020）认为市场投资者对环境信息的反应是负面的，环境信息披露水平与企业市场价值之间呈现负相关关系。因此，环境信息披露质量水平越高反而可能越容易对企业声誉造成不良影响，对企业价值的提升起阻碍作用。

而部分学者从投资者的角度出发，认为改善环境信息披露水平对企业价值的提升有着积极作用。环境信息披露可能是一种有价值的工具，可以用来为组织建立竞争优势，提升企业价值（Porter & Vanderlinde，1995；Dechant & Altman，1994）。有学者通过研究公司年度报告中的环境信息披露情况，发现披露环境信息的公司的股票市场收益率比未披露环境信息的公司更高（Belkaoui，1976）。环境新闻也可能导致个别的发展中国家股票市场对企业价值的评估发生增值（Dasgupta et al，2001）。科米尔和马尼纳（Cormier & Magnan，2007）研究证明了在德国市场环境信息与企业价值呈现正向相关关系。此外，有研究发现自愿披露相关信息的企业价值更高（Matsumura et al，2014）。诸多学者研究论证了社会责任活动披露、环境信息披露可以有效促进企业价值的提高（Rodríguez & LeMaster，2007；Lu et al，2017；Putri et al，2020；Dhar et al，2022）。我国学者胡曲应（2012）发现企业环境信息水平与企业价值表现出显著的正相关关系。蔡飞君和柴小莺（2017）通过 2010~2014 年我国重污染行业上市公司的实证分析，发现环境会计信息披露对公司价值的提升具有重要作用。同时诸多学者研究认为企业披露的环境财务信息与企业价值存在显著正相关关系

（刘栩萌和黄，2018；冰王垒等，2019；张彦明，2021）。

　　弗里德曼等（Friedman et al，1992）研究发现环境信息披露与公司财务绩效并不存在显著关系。李等（Lee et al，2013）通过实证研究证明，企业环境信息披露水平与企业价值之间不存在关联。成琼文等（2022）考察了环境信息披露与企业价值之间的关系，发现重污染行业企业环境信息披露与企业价值之间存在非线性回归关系。通过对以往文献的回顾，发现环境信息披露与企业价值之间的关系，尚未有明确的研究与结论。故本书在前人的研究基础上，结合当下年报文本特征，探究环境信息披露对企业价值的影响。基于第 4 章对年报文本挖掘的结果，本章借用该结果分析年报文本特征的调节效应。

　　综上所述，根据第 4 章对我国重污染上市公司环境信息披露质量水平的测度情况，作出如下假设：

　　假设 5. 1a：通过独立报告披露上市公司环境信息可以有效提升企业价值。

　　假设 5. 1b：上市公司环境信息披露质量对企业价值具有显著正相关影响。

　　此外，年报作为环境信息披露的载体，是上市公司用于开展对外交流的工具。所以，年报的文本特征将直接影响上市公司信息使用者可否更好地吸收和理解企业年报中披露的信息。以往研究发现大多数的年报信息是数值型信息，其他全部是以文字叙述为重要表达形式的文本资料，但是这种文本描述也慢慢为公众所接受。

　　国内外学者对年报文本特征进行了相关的研究。研究发现，年报文本篇幅大小意味着向外界提供具体信息的多少，而年报文本篇幅的降低意味着年报提供的信息减少（Lehavy et al，2011）；此外，银行也会对年报篇幅更长、语气词使用频率更高的上市公司设定更严格的贷款合同（Ertugrul et al，2017）。年报文本篇幅特征对资本市场信息传递及市场参与者行为有重要影响。故本书提出以下假设：

　　假设 5. 2a：年报文本篇幅越长，越能强化独立报告披露环境信息与企业价值之间的正相关关系。

　　假设 5. 2b：年报文本篇幅越长，越能强化环境信息披露质量与企业价值之间的正相关关系。

王克敏等（2018）研究发现，中国上市公司年报文本理解信息难度会影响到信息传递效率。王运陈等（2020）研究指出，年报较低的可读性会导致股价产生较高的风险溢价，提高年报可读性可能会有助于增加投资者的交易意愿。葛家澍和王亚男（2011）指出，年报可读性较高时会有效降低投资者理解和使用信息的难度，提高资本市场的定价效率。故本书提出以下假设：

假设 5.2c：年报文本可读性越强，越能强化独立报告披露环境信息与企业价值之间的正相关关系。

假设 5.2d：年报文本可读性越强，越能强化环境信息披露质量与企业价值之间的正相关关系。

张红（2019）、刘昌阳（2020）、李世刚和鲁逸楠（2021）、唐也然（2021）、蒋艳辉等（2014）使用文本相似性指标衡量年报、分析师报告、审计师报告等语料之间在内容上的相似程度，研究了上市公司环境信息披露与公司经济后果之间的直接关联关系。基于以上理论，本书根据年报文本特征提出如下假设：

假设 5.2e：年报文本相似度高，反而弱化了独立报告披露环境信息与企业价值之间的正相关关系。

假设 5.2f：年报文本相似度高，反而弱化了环境信息披露质量与企业价值之间的正相关关系。

综上所述，本书提出的上市公司环境信息披露质量与其经济后果——企业价值的研究假设如表 5.1 所示。

表 5.1　　　　　　　　环境信息披露与企业价值研究假设

序号	假设
假设 5.1a	通过独立报告披露上市公司环境信息可以有效提升企业价值
假设 5.1b	上市公司环境信息披露质量对企业价值具有显著正相关影响

续表

序号	假设
假设 5.2a	年报文本篇幅越长，越能强化独立报告披露环境信息与企业价值之间的正相关关系
假设 5.2b	年报文本篇幅越长，越能强化环境信息披露质量与企业价值之间的正相关关系
假设 5.2c	年报文本可读性越强，越能强化独立报告披露环境信息与企业价值之间的正相关关系
假设 5.2d	年报文本可读性越强，越能强化环境信息披露质量与企业价值之间的正相关关系
假设 5.2e	年报文本相似度高，反而弱化了独立报告披露环境信息与企业价值之间的正相关关系
假设 5.2f	年报文本相似度高，反而弱化了环境信息披露质量与企业价值之间的正相关关系

5.2　研究设计

5.2.1　样本选择与数据来源

本书通过国泰安数据和 Wind 数据库，收集我国 16 个重污染行业上市公司基本信息、股权结构数据以及财务指标数据。以沪深 A 股上市公司 2010～2018 年为样本期间，在查阅了各公司的年报后，获得了 895 家上市公司的有效样本数据。

解释变量中的环境信息披露质量数据，见本书第 4 章。

年报文本特征信息来自文构（WinGo）财经文本数据库。其他财务数据均来源于国泰安数据和 Wind 数据库。

我们对原始数据进行如下处理：（1）剔除关键数据缺失的上市公司；（2）剔除财务状况异常的公司；（3）为避免异常值的干扰，我们将标为

ST、*ST 的上市公司予以剔除；（4）对所有连续变量进行上下 1% 缩尾处理（winsorize）。

5.2.2 变量的选择与定义

5.2.2.1 被解释变量

资产收益率（*ROA*）。资产收益率被学术界公认为是企业价值最好的评估方法，并且得到了广泛的应用（贺小刚和连燕玲，2019）。企业的价值是指在一个特定的运营时期内，公司的各方面的运营表现。

5.2.2.2 核心解释变量

（1）是否披露环境信息（*EID_Whether*）。随着企业披露环境信息的政策文件陆续出台，目前尚未有明确要求所有行业进行环境信息披露的强制性规定。对于上市公司而言，无论是以公司网站还是报告为渠道披露环境信息，均需要付出一定资金或人力成本，因此一些上市公司可能并不愿意主动披露环境信息，特别是对于污染信息，上市公司很可能为维护其自身形象而不主动披露相关信息。基于此，我们构建核心自变量以表示上市公司是否披露环境信息。本书利用国泰安环境经济数据库中查得的上市公司环境信息披露情况，独立报告披露企业环境信息赋值为 2，非独立报披露赋值为 1，未披露赋值为 0。

（2）环境信息披露质量（*EID_Quality*）。企业披露的环境信息所蕴含的价值可能并不相同，通常越细化的信息其价值越高。当前学术界在评价企业环境信息披露质量时，大多数学者采用主观评价的"内容分析法"。而本书则采用第 4 章基于文本挖掘方法测度出来的环境信息披露质量得分。

5.2.2.3 调节变量：年报文本特征

本书采用 WinGo 财经文本数据库中年报文本特征作为调节变量，其中分别从文本篇幅、文本可读性、文本相似度三个角度进行环境信息披露与融资约束之间关系的分析。

年报文本篇幅（*Words*）。利用 WinGo 财经文本数据库中统计的年报文本的总词数来表示。进一步取其对数，进行标准化处理。*Words* 度量年报文本篇幅特征，其值越大，表示年报文本篇幅越长；反之，则表示年报文本篇幅越短。

年报可读性（*Readability*）。利用 WinGo 财经文本数据库中年报文本的可读性指标来表示。该指标值越高，说明文本中词对搭配次序出现的频率越高，越容易理解，越容易读，反之，词组出现频率越低，则越难理解，文本可读性越差。$Readability = \dfrac{1}{N}\sum_{s=1}^{N}\log P_s$，其中，$P_s$ 表示句子，s 表示生成的概率，N 表示构成文本的句子数量。

年报相似度（*Similarity*）。利用 WinGo 财经文本数据库中年报文本的相似性指标来表示。*Similarity* 度量年报文本相似性特征，其值越大，表示文本之间的相似程度越高；反之，则表示相似程度越低。

5.2.2.4　控制变量

根据以往的研究经验，本书将公司规模、资产收益率、资产负债率、净利润增长率、固定资产比率、公司现金流量等因素纳入控制变量。

表 5.2 列示了各变量说明。

表 5.2　　　　　　　　　　　　　　　变量定义

变量类型	变量名称	变量符号	变量定义及说明
被解释变量	资产收益率	*ROA*	资产收益率（资产收益率 = 净利润/总资产总额）
解释变量	是否披露环境信息	*EID_Whether*	国泰安环境经济数据库，没有披露为 0；年报披露为 1；除年报外独立报告披露为 2
	环境信息披露质量	*EID_Quality*	环境信息披露质量测度结果

续表

变量类型	变量名称	变量符号	变量定义及说明
控制变量	发展能力	Growth	营业收入增长率
	偿债能力	Lev	资产负债率
	现金流状况	Cashflow	经营活动现金流量净额
	独董比例	IND	独立董事数除以董事会成员数量
	两职合一	Dual	当董事长和总经理二职合一取1，否则取0
	股权集中度	TOP	第一大股东持股股数与总股数比（%）
	年份	Year	年度虚拟变量
	行业	Industry	行业虚拟变量
	产权性质	SOE	国有企业为1，其他企业性质为0
调节变量	年报文本篇幅	Words	年报文本中总字数取对数
	年报可读性	Readability	年报中每个分句的平均字数减去行业平均值
	年报相似度	Similarity	年报文本根据 Tf-idf 模型转化为向量模式，计算年报文本相似度

5.3 模型设计

据上文所述，利用上市公司资产收益率（ROA）对上市公司价值进行度量，当企业市场价值高于重置成本，说明投资者对企业内在价值比较认同，反之则说明投资者对企业未来价值持不乐观的态度。为了检验上述理论，构建如下模型来检验假设 5.1a、假设 5.1b：

$$ROA_{i,t} = a_0 + a_1 EID_{i,t}\_Whether + a_i Controls_{i,t} + \sum Year$$
$$+ \sum Indus + \varepsilon_{i,t} \tag{5.1a}$$

$$ROA_{i,t} = a_0 + a_1 EID_{i,t\_}Quality + a_i Controls_{i,t} + \sum Year$$

$$+ \sum Indus + \varepsilon_{i,t} \tag{5.1b}$$

其中：被解释变量 $ROA_{i,t}$ 代表上市公司价值；i、t 分别表示上市公司和年份；我们按照是否独立报告披露环境信息及环境信息披露质量两方面进行研究。解释变量 $EID_{i,t\_}Whether$ 代表 i 公司在第 t 年是否披露了环境信息，0 表示未披露，1 表示上市公司年报披露，2 表示年报与独立报告双披露；$EID_{i,t\_}Quality$ 代表 i 公司在第 t 年的环境信息披露质量；$\varepsilon_{i,t}$ 为随机干扰项；a_0 为截距项；其余变量均为控制变量；$Year$ 与 $Indus$ 为虚拟变量。

模型（5.1a）和模型（5.1b）用以检验环境信息披露与上市公司价值之间存在的显著正向相关关系。特别是上市公司利用独立报告高质量披露环境信息时，可以促进上市公司价值的提高。同时也有助于实现促进可持续和环境责任目标。如果 a_1 的符号为正，则代表其两者直接的正相关关系显著，如式（5.1a）和式（5.1b）所示。

如图 5.1 所示，在模型（5.1a）和模型（5.1b）的基础上增加年报文本特征（即年报篇幅、年报可读性与年报文本相似度）、年报语调、是否独立披露环境信息报告和环境信息披露水平进一步研究。

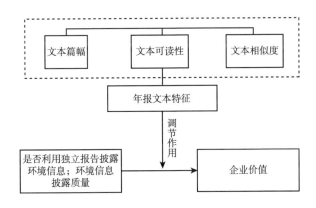

图 5.1　年报文本特征的调节作用路径

年报文本特征所起到的调节作用主要包括：

（1）年报篇幅，采用年报总字数的自然对数，记作 *Words*。构建交叉相乘变量 *EID_Whether* × *Words*，研究年报的文本篇幅对独立披露环境信息和企业价值之间关系的调节作用；构建交叉相乘变量 *EID_Quality* × *Words*，用以研究年报的文本篇幅对环境信息披露质量与企业价值之间的调节关系。为验证假设 5.2a、假设 5.2b，本书构建模型如下：

$$ROA_{i,t} = a_0 + a_1 EID\_Whether_{i,t} + a_2 EID\_Whether_{i,t} \times Words_{i,t}$$
$$+ a_i Controls_{i,t} + \sum Year + \sum Indus + \varepsilon_{i,t} \tag{5.2a}$$

$$ROA_{i,t} = a_0 + a_1 EID\_Quality_{i,t} + a_2 EID\_Quality_{i,t} \times Words_{i,t}$$
$$+ a_i Controls_{i,t} + \sum Year + \sum Indus + \varepsilon_{i,t} \tag{5.2b}$$

（2）年报可读性，采用年报可读性特征值，记作 *Readability*。构建交叉相乘变量 *EID_Whether* × *Readability*，用以研究年报的可读性对独立披露环境信息和企业价值之间关系的调节作用；构建交叉相乘变量 *EID_Quality* × *Readability*，用以研究年报的文本可读性对环境信息披露质量与企业价值之间的调节关系。为验证假设 5.2c、假设 5.2d，本书构建模型如下：

$$ROA_{i,t} = a_0 + a_1 EID\_Whether_{i,t} + a_2 EID\_Whether_{i,t} \times Readability_{i,t}$$
$$+ a_i Controls_{i,t} + \sum Year + \sum Indus + \varepsilon_{i,t} \tag{5.2c}$$

$$ROA_{i,t} = a_0 + a_1 EID\_Quality_{i,t} + a_2 EID\_Quality_{i,t} \times Readability_{i,t}$$
$$+ a_i Controls_{i,t} + \sum Year + \sum Indus + \varepsilon_{i,t} \tag{5.2d}$$

（3）年报相似度，记作 *Similarity*。构建交叉相乘变量 *EID_Whether* × *Similarity*，用以研究年报的文本相似性对独立披露环境信息和企业价值之间关系的调节作用；构建交叉相乘变量 *EID_Quality* × *Similarity*，用以研究年报的文本相似性对环境信息披露质量与企业价值之间的调节关系。为验证假设 5.2e、假设 5.2f，本书构建模型如下：

$$ROA_{i,t} = a_0 + a_1 EID\_Whether_{i,t} + a_2 EID\_Whether_{i,t} \times Similarity_{i,t}$$
$$+ a_i Controls_{i,t} + \sum Year + \sum Indus + \varepsilon_{i,t} \tag{5.2e}$$

$$ROA_{i,t} = a_0 + a_1 EID\_Quality_{i,t} + a_2 EID\_Quality_{i,t} \times Similarity_{i,t}$$

$$+ a_i Controls_{i,t} + \sum Year + \sum Indus + \varepsilon_{i,t} \qquad (5.2f)$$

5.4 实证检验与结果分析

5.4.1 描述性统计分析

根据相关变量的概念界定，本书将涉及的有效样本（N = 4200）的主要变量进行了描述性统计（见表5.3）。

表5.3　　　　　　　　　描述性统计

变量	样本	平均值	标准差	中位数	最小值	最大值
ROA	4200	0.0456	0.0540	0.038	−0.415	0.222
EID_Whether	4200	1.201	0.611	1	0	2
EID_Quality	4200	0.431	0.225	0.425	0	1
Growth	4200	0.161	0.369	0.108	−0.595	4.806
Lev	4200	0.426	0.202	0.428	0.0310	0.925
Cashflow	4200	0.0562	0.0635	0.0551	−0.200	0.257
Dual	4200	0.208	0.406	0	0	1
Indep	4200	0.368	0.0497	0.333	0.333	0.600
Top	4200	0.360	0.151	0.345	0.0838	0.758
SOE	4200	0.436	0.496	0	0	1
Words	4200	9.988	0.287	9.985	9.081	11.17
Readability	4200	−18.29	2.227	−18.20	−35.24	−10.39
Similarity	4200	0.866	0.159	0.942	0.166	1

从表 5.3 中可以看出，*ROA* 是衡量上市公司价值的重要指标，其最小值为 −0.415；最大值为 0.222，中位数为 0.038。其中自变量是否披露环境信息（*EID_Whether*）最小值为 0，最大值为 2；环境信息披露质量（*EID_Quality*），平均值为 0.431，中位数为 0.425，该指标分布在 0 ~ 1之间。

对于财务层面的控制变量，发展能力 *Growth* 的最小值为 −0.595，最大值为 4.806，平均值为 0.161。偿债能力 *Lev* 为上市公司债务水平的衡量指标，平均值为 0.426，说明观测期间内重污染行业上市公司平均存在 42.60% 的债务水平。上市公司的现金流状况 *Cashflow* 平均值为 0.0562。对于该指标，重污染行业上市公司还有进一步提升的空间。

对于公司治理层面的控制变量，独董比例 *Indep*、两职合一 *Dual* 和股权集中度 *Top* 是衡量上市公司治理变量的三个指标，其中，独董比例是独立董事人数与董事会人数的比值，其最小值为 0.333，最大值为 0.6；两职合一为 0 − 1 分布的虚拟变量，平均值为 0.208，最小值为 0，最大值为 1；股权集中度 *Top* 为前十大股东占比之和，平均值为 0.360，中位数为 0.345。

对于上市公司自身特征的控制变量，产权性质 *SOE* 为 0 − 1 分布的虚拟变量，平均值为 0.436。相关变量均分布在合理区间。

5.4.2　相关性分析与估计方法选取

从表 5.4 中可以看出，由于自变量与控制变量之间相关系数的绝对值较小，因此不太可能存在多重共线性。因此，理论上可以放在同一个多元回归模型中进行分析。但是为了更加科学严谨地对待共线性情况的存在，本章进一步对模型中的所有变量进行了 VIF 多重共线性检验。

表 5.4

相关性分析

变量	ROA	EID_W	EID_Q	Growth	Lev	Cashflow	Dual	Indep	Top
ROA	1								
EID_Whether	0.003***	1							
EID_Quality	0.008***	0.350***	1						
Growth	0.224***	-0.037**	-0.034**	1					
Lev	-0.444***	0.159***	0.267***	-0.022	1				
Cashflow	0.400***	0.125***	0.058***	0.028*	-0.093***	1			
Dual	0.045***	-0.125***	-0.112***	0.014	-0.132***	-0.032**	1		
Indep	-0.028*	0.007	-0.029*	-0.022	-0.012	-0.020**	0.100***	1	
Top	0.034**	0.135***	0.160***	0.034**	0.132***	0.099***	-0.093***	0.047***	1
SOE	-0.178***	0.263***	0.254***	-0.075***	0.372***	0.050***	-0.232	-0.027*	0.267***

注：***、**、*分别代表在1%、5%和10%水平上显著。

表 5.4 列出了模型中主要系数的相关性分析结果。可知，是否披露环境信息 *EID_Whether* 与上市公司资产收益率 *ROA* 之间的相关系数值为 0.003，在 1% 的水平上显著，说明两者存在显著的正向相关关系，即环境信息披露独立报告水平越高，上市公司价值越高。环境信息披露质量 *EID_Quality* 与资产收益率 *ROA* 之间的相关系数值为 0.008，在 1% 的水平上显著，说明两者存在显著的正向相关关系，即环境信息披露质量越高，上市公司的价值越高。

对于控制变量与上市公司资产收益率之间的相关关系，可以看出，偿债能力 *Lev*、独董比例 *Indep*、产权性质 *SOE* 与上市公司资产收益率 *ROA* 之间的相关系数值均显著为负。

多重共线性测试结果如表 5.5 所示，各变量的差异通胀因子 VIF 值均小于 2，远低于临界值 10，说明变量之间不存在实质性的多重共线性问题。各模型的拟合优度均大于 0.5，其解释力较好。

表 5.5 主要 VIF 检验

变量	VIF	1/VIF
Indep	1.016	0.984
SOE	1.339	0.747
Lev	1.230	0.813
EID_Quality	1.228	0.814
EID_Whether	1.204	0.831
Top	1.106	0.904
Dual	1.076	0.929
Cashflow	1.044	0.958
Growth	1.011	0.989

为了寻找更适合的估计方法，本书运用下列检验方法对模型（5.1a）、模型（5.1b）、模型（5.2a）、模型（5.2b）、模型（5.2c）、模型（5.2d）、

模型（5.2e）、模型（5.2f）进行筛选：本书利用 Hausman 检验判断适合固定效应还是随机效应，P 值小于 0.01，检验结果拒绝原假设，表明在本书的面板数据下，模型（5.1a）、模型（5.1b）、模型（5.2a）、模型（5.2b）、模型（5.2c）、模型（5.2d）、模型（5.2e）、模型（5.2f）的固定效应显著，回归分析时应该采用固定效应模型。此外，本书又进行了组间异方差检验，序列相关检验如表 5.6 所示，均通过了显著性检验。

表 5.6　　　　　　　　　　各个检验结果

Hausman 检验	异方差检验	序列相关检验
chi2（10）= 161.40	chi2（525）= 1.305	F（541，3659）= 22.77
Prob > chi2 = 0.0000	Prob > chi2 = 0.0000	Prob > F = 0.0000

5.4.3　多元回归实证结果分析

表 5.7 给出了本书的逐步回归结果。

表 5.7　　　　　　　　　　逐步回归结果

项目	（1）	（2）	（3）	（4）
	ROA	ROA	ROA	ROA
EID_Whether	0.0058 *** （4.2369）	0.0062 *** （5.4211）		
EID_Quality			0.0149 ** （2.4431）	0.0161 *** （3.1921）
Growth		0.0262 *** （14.7462）		0.0260 *** （14.6080）
Lev		− 0.0943 *** （− 25.5089）		− 0.0938 *** （− 25.3150）

续表

项目	（1）	（2）	（3）	（4）
	ROA	ROA	ROA	ROA
Cashflow		0. 3040 *** （28. 8938）		0. 3077 *** （29. 2820）
Dual		− 0. 0012 （ − 0. 7538）		− 0. 0014 （ − 0. 8757）
Indep		− 0. 0179 （ − 1. 3688）		− 0. 0151 （ − 1. 1493）
Top		0. 0200 *** （4. 1920）		0. 0207 *** （4. 3238）
SOE		− 0. 0064 *** （ − 4. 0558）		− 0. 0053 *** （ − 3. 4307）
_cons	0. 0570 *** （19. 2034）	0. 0777 *** （13. 6844）	0. 0575 *** （17. 1708）	0. 0764 *** （12. 9493）
年份效应	YES	YES	YES	YES
行业效应	YES	YES	YES	YES
N	4200	4200	4200	4200
R^2_a	0. 1084	0. 4161	0. 1058	0. 4134

注： ***、**、* 分别代表在 1%，5% 和 10% 水平上显著。

表 5.7 中列（1）为未考虑外部因素时是否披露环境信息 *EID_Whether* 与上市公司资产收益率 *ROA* 之间的回归关系，此时核心回归系数值为 0.0058，在 1% 的水平上显著，说明两者存在显著的正向回归关系，即环境信息独立披露水平越高，企业价值越高。

表 5.7 中列（2）考虑了多个控制变量，此时核心回归系数值为 0.0062，在 1% 的水平上显著，进一步说明两者存在显著的正向回归关系；

环境信息的独立披露水平与上市公司价值呈正相关，上市公司独立披露环境信息的水平越高，上市公司价值越高。这些发现强调了环境信息透明和全面披露做法的重要性，这对提高上市公司声誉、财务业绩和整体的可持续发展实践都有影响。

表5.7中列（3）为未考虑外部因素时环境信息披露质量 *EID_Quality* 与上市公司资产收益率 *ROA* 之间的回归关系，此时核心回归系数值为 0.0149，在5%的水平上显著，说明两者存在显著的正向回归关系，即环境信息披露质量越高，企业价值越高。

表5.7中列（4）考虑了公司多个层面的控制变量，此时核心回归系数值为 0.0161，在1%的水平上显著，进一步说明两者存在显著的正向回归关系；以上结果说明环境信息披露质量越高，企业价值越高，从而验证了本书的基本假设5.1a和假设5.1b。

5.4.4 年报文本特征的调节作用

上文已经证明，是否披露环境信息 *EID_Whether*、环境信息披露质量 *EID_Quality* 与上市公司资产收益率 *ROA* 之间均存在显著的正向回归关系，即环境信息披露且独立披露水平越高、环境信息披露质量越高，企业价值越高。表5.8给出了主要回归结果。

表5.8　　　　　　　　　　年报相关的调节作用

项目	(1)	(2)	(3)	(4)	(5)	(6)
	ROA	ROA	ROA	ROA	ROA	ROA
EID_Whether	0.0054 *** (4.6573)	0.0057 *** (4.9325)	0.0062 *** (5.4284)			
EID_Quality				0.0124 ** (2.4138)	0.0149 *** (2.9562)	0.0161 *** (3.1906)

续表

项目	（1）	（2）	（3）	（4）	（5）	（6）
	ROA	ROA	ROA	ROA	ROA	ROA
Words	0.0102 *** （3.5626）			0.0121 *** （4.2637）		
Readability		0.0008 *** （2.6256）			0.0010 *** （3.2341）	
Similarity			−0.0059 （−1.1595）			−0.0059 （−1.1296）
EID_Whether × Words	0.0052 *** （1.3768）					
EID_Quality × Words				0.0151 *** （1.4448）		
EID_Whether × Readability		0.0004 *** （0.8956）				
EID_Quality × Readability					0.0019 *** （1.4674）	
EID_Whether × Similarity			−0.0015 *** （−0.2192）			
EID_Quality × Similarity						−0.0147 *** （−0.7690）
Growth	0.0259 *** （14.5043）	0.0259 *** （14.5493）	0.0263 *** （14.7709）	0.0255 *** （14.3092）	0.0256 *** （14.3756）	0.0261 *** （14.6423）
Lev	−0.0958 *** （−25.8027）	−0.0955 *** （−25.6672）	−0.0945 *** （−25.5335）	−0.0957 *** （−25.7186）	−0.0953 *** （−25.5340）	−0.0940 *** （−25.3299）

续表

项目	（1）	（2）	（3）	（4）	（5）	（6）
	ROA	ROA	ROA	ROA	ROA	ROA
Cashflow	0.3045 *** (28.9592)	0.3036 *** (28.8616)	0.3036 *** (28.8435)	0.3075 *** (29.2708)	0.3067 *** (29.2045)	0.3075 *** (29.2339)
Dual	−0.0012 (−0.7237)	−0.0013 (−0.7954)	−0.0012 (−0.7333)	−0.0014 (−0.8400)	−0.0015 (−0.9012)	−0.0014 (−0.8708)
Indep	−0.0199 (−1.5176)	−0.0193 (−1.4702)	−0.0179 (−1.3676)	−0.0175 (−1.3338)	−0.0159 (−1.2090)	−0.0147 (−1.1149)
Top	0.0187 *** (3.9259)	0.0192 *** (4.0204)	0.0200 *** (4.1968)	0.0194 *** (4.0653)	0.0197 *** (4.1090)	0.0206 *** (4.2993)
SOE	−0.0060 *** (−3.7804)	−0.0061 *** (−3.8852)	−0.0063 *** (−4.0292)	−0.0050 *** (−3.2030)	−0.0052 *** (−3.3280)	−0.0053 *** (−3.3922)
_cons	−0.0209 (−0.7377)	0.0637 *** (8.0461)	0.0722 *** (9.7091)	−0.0397 (−1.4202)	0.0590 *** (7.3587)	0.0709 *** (9.2100)
年份效应	YES	YES	YES	YES	YES	YES
行业效应	YES	YES	YES	YES	YES	YES
N	0.4179	0.4170	0.4160	0.4160	0.4149	0.4134
R^2_a	0.3047	0.3037	0.2900	0.3050	0.3020	0.2876

注：*** 、** 、* 分别代表在1%、5%和10%水平上显著。

从表5.8中可以看出，$EID\_Whether \times Words$ 的回归系数值0.0052在1%的水平上显著，说明年报篇幅越长，对独立披露环境信息与企业价值之间关系的正向调节作用越强，强化了环境信息披露与企业价值之间的作用效果；$EID\_Quality \times Words$ 的回归系数值0.0151在1%的水平上显著，说明年报篇幅对环境信息披露质量与企业价值水平之间的关系具有正向调节作用。即年报文本篇幅越长，对环境信息披露质量与企业价值提升程度所起促进作用越强。

EID_Whether × *Readability* 的回归系数值 0.0004 在 1% 的水平上显著，说明年报可读性越强，对独立披露环境信息与企业价值之间关系的正向调节作用越强，能进一步提升环境信息披露对企业价值的作用效果；*EID_Quality* × *Readability* 的回归系数值 0.0019 在 1% 的水平上显著，说明年报可读性对环境信息披露质量与企业价值水平之间的关系具有正向调节作用。即年报越容易理解、读懂，对环境信息披露质量与企业价值提升程度上起到的促进作用越强。

EID_Whether × *Similarity* 的回归系数值 − 0.0015 在 1% 的水平上显著，说明年报文本越相似，对独立披露环境信息与企业价值之间关系的负向调节作用越强，削弱了提升企业价值的效果；*EID_Quality* × *Similarity* 的回归系数值 − 0.0147 在 1% 水平上显著，年报文本相似性弱化了环境信息披露与企业价值之间的正相关关系。

5.5 稳健性检验

为了检验本书结论的稳健性，本书使用当前企业价值研究领域常用的"*ROE* = 净利润 ÷ 净资产"的方法对企业价值进行相关的稳健性检验。表 5.9 报告了主要回归结果。

表 5.9　　　　　　　**稳健性检验：更换因变量计算方法**

项目	(1)	(2)	(3)	(4)
	ROE	*ROE*	*ROE*	*ROE*
EID_Whether	0.0121 *** (4.7465)	0.0105 *** (4.4625)		
EID_Quality			0.0313 *** (2.7285)	0.0239 ** (2.3043)

续表

项目	(1)	(2)	(3)	(4)
	ROE	ROE	ROE	ROE
Growth		0.0507 ***		0.0503 ***
		(13.8644)		(13.7447)
Lev		− 0.0770 ***		− 0.0760 ***
		(− 10.1322)		(− 9.9832)
Cashflow		0.5455 ***		0.5524 ***
		(25.2215)		(25.5802)
Dual		− 0.0021		− 0.0025
		(− 0.6180)		(− 0.7382)
Indep		− 0.0222		− 0.0181
		(− 0.8249)		(− 0.6675)
Top		0.0402 ***		0.0416 ***
		(4.1051)		(4.2409)
SOE		− 0.0128 ***		− 0.0109 ***
		(− 3.9543)		(− 3.4204)
_cons	0.0897 ***	0.0886 ***	0.0907 ***	0.0875 ***
	(16.0501)	(7.5909)	(14.3918)	(7.2197)
年份效应	YES	YES	YES	YES
行业效应	YES	YES	YES	YES
N	4200	4200	4200	4200
R^2_a	0.0650	0.2691	0.0616	0.2665

注：*** 、** 、* 分别代表在 1%、5% 和 10% 水平上显著。

可以看出，核心自变量 EID_Whether、EID_Quality 的回归系数值均通过了显著性检验，在 1% 的水平上显著，与前文结果基本一致，进一步说明是否披露环境信息 EID_Whether 和环境信息披露质量 EID_Quality 与企业价值 ROE 之间存在显著的正向回归关系，即独立报告披露企业环境信息，且信息披露质量越高，则企业价值越高。

为了进一步检验本书结论的稳健性，本书利用 GMM 模型进一步对主回归模型进行稳健性检验。表 5.10 报告了主要回归结果。

表 5.10　　　　　　　　稳健性检验：GMM 模型检验

项目	(1)	(2)
	GMM1	GMM2
L. ROA	0.748 *** (0.0725)	1.271 *** (0.0664)
EID_Whether	0.000822 *** (0.00119)	
EID_Quality		0.0162 *** (0.00513)
_cons	0.0111 *** (0.00372)	0.0166 *** (0.00475)
N	4200	4200
AR(1)	− 8.26 ***	− 7.86 ***
AR(2)	2.19	2.35
Sargan 检验	74.66	70.98

注：*** 、** 、* 分别代表在 1%、5% 和 10% 水平上显著。

使用系统 GMM 模型，从表 5.10 可知，$AR(1)$ 的结果显著，$AR(2)$ 不显著；$Sargan$ 检验不显著，证明了选择使用系统 GMM 模型合理。$L. ROA$ 显著，表明上一期的企业价值对当期产生了影响。

表 5.10 中列 (1) 为未考虑外部因素时是否披露环境信息 $EID\_Whether$ 与上市公司资产收益率 ROA 之间的回归关系，此时核心回归系数值为 0.000822，在 1% 的水平上显著，说明两者存在显著的正向回归关系。即上市公司披露环境信息，特别是以独立报告的形式披露环境信息，对企业

价值程度的提升作用很强。

表 5.10 中列（2）为未考虑外部因素时环境信息披露质量 *EID_Quality* 与上市公司资产收益率 *ROA* 之间的回归关系，此时核心回归系数值为 0.0162，在 1% 的水平上显著，说明两者存在显著的正向回归关系。企业环境信息披露质量越高越能有效促进企业价值的提升。

进一步对调节变量模型进行稳健性检验，表 5.11 为年报相关的调节作用稳健性检验结果。

表 5.11　　　　　　　　年报相关的调节作用稳健性检验

项目	（1）ROE	（2）ROE	（3）ROE	（4）ROE	（5）ROE	（6）ROE
EID_Whether	0.0107 *** (4.2744)	0.0109 *** (4.3941)	0.0120 *** (4.9083)			
EID_Quality				0.0257 ** (2.3771)	0.0312 *** (2.9285)	0.0334 *** (3.1358)
Word	0.0177 *** (2.8938)			0.0210 *** (3.4786)		
Readability		0.0018 *** (2.6724)			0.0021 *** (3.2404)	
Similarity			− 0.0193 * (− 1.7055)			− 0.0180 * (− 1.5835)
EID_Whether × *Words*	0.0100 * (1.2597)					
EID_Quality × *Words*				0.0518 ** (2.4045)		
EID_Whether × *Readability*		0.0011 * (1.1151)				
EID_Quality × *Readability*					0.0028 * (1.0429)	

续表

项目	（1）	（2）	（3）	（4）	（5）	（6）
	ROE	*ROE*	*ROE*	*ROE*	*ROE*	*ROE*
EID_Whether × *Similarity*			− 0. 0011 * （ − 0. 0687）			
EID_Quality × *Similarity*						− 0. 0769 ** （ − 1. 8294）
Growth	0. 0576 *** （14. 9259）	0. 0576 *** （14. 9341）	0. 0585 *** （15. 2000）	0. 0569 *** （14. 7638）	0. 0570 *** （14. 7806）	0. 0581 *** （15. 0824）
Lev	− 0. 1067 *** （ − 13. 5747）	− 0. 1066 *** （ − 13. 5525）	− 0. 1046 *** （ − 13. 3719）	− 0. 1070 *** （ − 13. 5894）	− 0. 1063 *** （ − 13. 4878）	− 0. 1036 *** （ − 13. 2221）
Cashflow	0. 5362 *** （24. 0221）	0. 5343 *** （23. 9516）	0. 5337 *** （23. 9119）	0. 5408 *** （24. 3006）	0. 5410 *** （24. 3192）	0. 5417 *** （24. 3311）
Dual	− 0. 0050 （ − 1. 4377）	− 0. 0052 （ − 1. 5081）	− 0. 0050 （ − 1. 4455）	− 0. 0053 （ − 1. 5147）	− 0. 0054 （ − 1. 5443）	− 0. 0054 （ − 1. 5424）
Indep	− 0. 0313 （ − 1. 1368）	− 0. 0308 （ − 1. 1191）	− 0. 0279 （ − 1. 0120）	− 0. 0284 （ − 1. 0296）	− 0. 0254 （ − 0. 9186）	− 0. 0218 （ − 0. 7881）
Top	0. 0441 *** （4. 3280）	0. 0445 *** （4. 3731）	0. 0462 *** （4. 5400）	0. 0456 *** （4. 4670）	0. 0451 *** （4. 4231）	0. 0465 *** （4. 5651）
SOE	− 0. 0060 * （ − 1. 8157）	− 0. 0063 * （ − 1. 8921）	− 0. 0067 ** （ − 2. 0171）	− 0. 0044 （ − 1. 3496）	− 0. 0046 （ − 1. 3896）	− 0. 0048 （ − 1. 4471）
_cons	− 0. 0762 （ − 1. 2609）	0. 0649 *** （3. 8518）	0. 0772 *** （4. 8267）	− 0. 1095 * （ − 1. 8364）	0. 0552 *** （3. 2489）	0. 0760 *** （4. 6143）
年份效应	YES	YES	YES	YES	YES	YES
行业效应	YES	YES	YES	YES	YES	YES
N	4725	4725	4725	4725	4725	4725
R^2_a	0. 2487	0. 2485	0. 2475	0. 2478	0. 2467	0. 2459

注： *** 、 ** 、 * 分别代表在 1% 、 5% 和 10% 水平上显著。

从表 5.11 中可以看出，$EID\_Whether \times Words$ 的回归系数值 0.01 在 10% 的水平上显著，说明年报篇幅的长度对上市公司环境信息披露和公司价值之间的关系有积极的调节作用。具体来说，篇幅较长的年报强化了环境信息披露对公司价值的正向影响，突出了向利益相关者提供全面、详细的信息披露的重要性。这些结果强调了环境信息披露实践中透明度的重要性，这有助于提高上市公司的财务业绩和可持续性实践。$EID\_Quality \times Words$ 的回归系数值 0.0518 在 5% 的水平上显著，说明年报篇幅对环境信息披露质量与企业价值水平之间的关系具有正向调节作用。即年报文本篇幅越长，对环境信息披露质量与企业价值提升程度上起到的促进作用越强。

$EID\_Whether \times Readability$ 的回归系数值 0.0011 在 10% 的水平上显著，说明年报可读性越强，对独立披露环境信息和企业价值之间关系的正向调节作用越强，年报可读性可进一步提升环境信息披露对企业价值的作用效果；$EID\_Quality \times Readability$ 的回归系数值 0.0028 在 10% 的水平上显著，说明年报可读性越强对环境信息披露质量与企业价值水平之间关系的正向调节作用越强。即年报越容易理解、读懂，对环境信息披露质量与企业价值提升程度上起到的促进作用越强。

$EID\_Whether \times Similarity$ 的回归系数值 -0.0011 在 10% 的水平上显著，说明年报文本越相似，对独立披露环境信息与企业价值之间关系的负向调节作用越强，年报文本相似性削弱了提升企业价值的效果；$EID\_Quality \times Similarity$ 的回归系数值 -0.0769 在 5% 的水平上显著，说明年报相似性特征对环境信息披露质量与企业价值水平之间的关系具有负向调节作用。即年报文本内容越相似，对环境信息披露质量与企业价值提升程度上起到的阻力作用越强。

5.6　本章小结

本书通过文献回顾，对国内外上市公司环境信息披露水平及其与上市公司价值之间关系的有关研究成果进行归纳整理，运用 2010～2018 年我国沪深两市 A 股重污染行业 895 家上市公司的研究样本，利用其环境信息披露质量，在控制杠杆水平、成长性、公司治理水平等一系列特征变量的情况下，构建固定效应模型，探究环境信息披露指数与上市公司价值之间的关系，并深入分析年报文本特征中的文本篇幅、文本相似性和文本可读性在其中的调节作用。本章得出的主要结论如下：

（1）在重污染行业中，环境信息披露水平与企业价值呈正向相关关系。上市公司积极披露环境信息，且环境信息披露质量越高，越能有效提升企业价值。上市公司披露的环境信息得到市场投资者的认可，因此环保投入能够形成有效的环境资产，上市公司的环境披露可以带来相应的市场价值提升。

（2）企业年报文本篇幅越长，可读性越强，越能促进环境信息披露水平对企业价值施加正向影响。在重污染行业中，环境信息披露水平高的上市公司，其环境投入可能带来过度投资的风险，推高了公司所有者与经营者信息的披露。上市公司年报文本篇幅和文本可读性能够在环境信息披露水平对上市公司价值的影响机制中发挥正向调节作用。

（3）年报文本相似性对环境信息披露水平与企业价值的关系具有反向调节作用。这意味着，年报文本相似性越强，越能抑制环境信息披露水平提高对上市公司价值带来的不利影响。在重污染行业，上市公司的可用资金的减少也会导致流动性压力增加，并提高上市公司的财务风险。因此，年报文本相似性增强会使得上市公司的经营风险和财务风险上升，不利于上市公司价值水平的提高。

第6章

研究结论及政策建议

6.1　研究结论

本研究综合运用多学科理论和研究范式，在对已有文献进行计量分析的基础上，利用动态演化博弈和多元回归分析等研究方法，分析环境信息披露制度演进历程，构建上市公司环境信息披露指标体系，计算环境信息披露指数，测度上市公司环境信息披露质量，实证分析环境信息披露对上市公司经济后果的影响；并基于政府、上市公司双视角下提出我国环境信息披露未来发展的方向及相关政策建议。本书研究结论如下：

（1）在重污染行业中，上市公司独立报告披露环境信息以及提高环境信息披露质量，对融资约束有显著的缓解作用。此外，在国有上市公司中体现得更为显著，其环境融资约束的作用效果更为显著；年报文本篇幅和年报文本可读性对环境信息披露水平与企业融资约束的关系具有反向调节作用。这意味着，年报文本篇幅越长，年报文本可读性越强，越能强化两者之间的负相关关系。在重污染行业中，上市公司可用资金的减少也会导致流动性压力增加，提高了上市公司的财务风险。因此，年报文本篇幅和年报文本可读性的增强会使得上市公司的经营风险和财务风险有效下降，有助于缓解企业融资约束的程度；文本相似性对环境信息披露质量与企业融资约束之间关系具有正向调节作用。研究表明，文本相似性强，反而抑制了环境信息披露对企业融资约束的缓解作用。

（2）在重污染行业中，环境信息披露水平与企业价值呈正向相关关系。上市公司环境信息披露质量越高，越能有效提升企业价值。上市公司披露的环境信息得到市场投资者的认可，则环保投入能够形成有效的环境资产，上市公司的环境披露可以带来相应的市场价值提升；上市公司年报文本篇幅越长，可读性越强，越能促进环境信息披露对企业价值施加正向影响。在重污染行业中，环境信息披露水平高的上市公司，其环境投入可以推进公司所有者与经营者信息的披露。上市公司年报文本篇幅和文本可读性能够在环境信息披露对企业价值的影响机制中发挥正向调节作用。而年报文本相似性对环境信息披露水平与企业价值的关系具有反向调节作用。这意味着，年报文本相似性越强，越抑制环境信息披露质量的提高，对企业价值带来不利影响，不利于企业价值水平的提高。

6.2　政策建议

6.2.1　政府视角

（1）统一规范依法披露的主体、内容和途径。首先，明确法定的环境信息公开主题，以及根据法律规定必须披露的相关材料。鼓励企业根据适用的法律、法规和其他相关文件，进行年度环境信息公开。此外，还可使用直接的程序来披露符合法律规定的环境信息。最后，应提高企业环境信息披露的统一性程度。帮助企业建立和完善符合法律规定的环境信息管理制度，规范工作程序，明确工作职责，依法及时、真实、准确、完整地公开环境信息。

（2）强化依法公开环境信息的监管。提高对合法披露环境信息的监督水平，把加强环境管理机构之间的协调以及环境信息公开机制作为重点，加强金融机构之间的相互支持，促进这些机构公布环境信息。通过促进金融机构与企业环境信息公开活动的有机结合和良性互动，整合数据、做智能研判、互联反馈，在加快数字赋权的同时，也可加强对环境信息的跨部门监管。增加公众对在线报告的认识、培训和实时提醒，以提高公众对环境信息的参与度和可及性以及环境信息的可用性，与生态环境信息共享相关的信息系统，提高信息利用效率。加强企业环境信息公开、信用信息共享平台、环境污染发现机制衔接和信息互联互通，全面提高检查检验效率，有效发现环境污染隐患，扩大环境信息在关键领域的应用。

（3）严格执行依法披露环境信息的监管。环保部门有必要加大对企业环境信息披露的监督检查力度，使其符合适用法律。确定并研究利用大数据分析、人工智能等技术手段，提高对环境信息依法公开的监督和执法效能。要完善信用管理，将企业信用评价作为重要指标，对未依法披露环境信息的企业进行信用记录，并给予行政处罚。

（4）充分发挥社会监督的作用。鼓励和支持社会组织开展企业环境信息公开的调查研究，促进社会组织健康有序地参与环境治理，在环境民事公益诉讼中代表公众利益进行法律诉讼。环境保护设施应向公众开放，可通过多种渠道和既定程序鼓励企业环境信息公开和公众参与。

（5）依法建立严惩重罚机制。对未及时、规范、准确报告环境信息的企业，将予以处罚，并督促其尽快纠正。企业未按规定履行信息披露义务，依法依规承担赔偿责任，地方生态环境主管部门负责追究未依法进行环境信息披露的企业名单。

（6）政府及监管部门应当结合上市公司现实情况，完善上市公司披露环境信息的相关制度，明确上市公司公开环境信息的规范方式、完整内容及评价标准，增强相关措施的可操作性和可实施性。此外，政府及相关部门应当基于规范的环境信息披露制度及评价体系，加强对企业环境信息披露的监管水平，在实施过程中落实责任制度，对虚假披露等行为采取严格的措施制止。政府部门还应考虑将环保审计纳入环境保护法规当中。例如，在我国的《环境保护法》《证券法》《公司法》等法律法规中增加环境审计的规定，将环保、审计、财政等多方统筹形成统一协调的环境监管体系。监管部门可以建立环境审计评价体系，委托会计师事务所等第三方中介机构对环境信息披露内容和形式进行监督和审计，规范企业的环境信息披露内容，落实对公司信息披露的考察与评判，从而有助于投资者对环境风险进行准确的评估。

6.2.2　企业视角

（1）"双碳"目标愿景下上市公司积极参与环境信息披露指标体系的构建，在充分考虑自身发展需求的基础上，对比分析国际上领先的披露框架，对有效信息进行采纳。利用大数据机器学习等手段，提升企业环境信息披露质量水平。利用动态博弈的视角思考企业可持续发展问题，积极参与高质量环境信息披露。

（2）上市公司在年报文本特征上，要提升年报文本篇幅，增强其年报文本的可读性，降低年报文本的相似性。提升企业环境信息的透明度，使得金融机构和社会投资者们有效提升其投资积极性，缓解企业融资约束，提升企业价值。规范企业环境信息披露的标准化程度，将促进企业提升环境管治水平，同时积极利用金融机构中介作用，加速企业发展的上市公司绿色化进程。

（3）上市公司环境信息披露内容中必须包括企业的各种污染物排放以及被处罚的定量信息。这明确了提升企业生态环境保护管理水平路径，改进企业环境绩效水平。这也是评价企业是否重视生态环境保护工作的重要指标。因此，企业环境信息披露将推动企业管理层加强企业环境保护，从而增强企业环境绩效水平。

（4）面临日益上升的环境风险，企业自觉公开环境信息是一个必然的发展趋势。环境信息作为公司层面的特有信息，其完整准确地公开有利于提高我国股票市场的信息效率。企业在这个过程中要对自身环境政策的可行性、环境管理系统的合理性、环保投资的真实性和环保设备的运行情况进行内部审计和披露，发现自身潜在的环境问题，并提出相对应的处理问题的建议及改善措施。

（5）企业应该积极采取措施提升环境管理水平。首先，应当积极提高环境信息披露水平，向外界积极传递企业自身的环境表现，这样既可以增强企业的可持续发展能力，获取环保补贴及奖励，提升企业的绿色形象，又可以增强企业的信息透明度，避免投资者对企业价值的低估等问题。其次，企业应加大环境治理力度，取得更多的环境成效，并积极地将此类信息向外界披露，有利于投资者在资本市场中提升对企业的投资信心，降低对企业环境风险的预估，进而降低投资风险，更易对企业作出支持性决策，最终提升企业价值。最后，企业应当加强环境管理水平，从宏观角度指导与控制企业的环境行为，系统性地加强环保意识、环保行为管理。一方面可以提高企业环境行为的整体效率，另一方面企业会对承担环境责任更有信心，因而也会积极地将环境信息公开披露，提升社会中的绿色形象，有利于企业价值的提升。

（6）投资者是推动企业自觉履行环保责任和实施环保行为的最终力量。投资者在实际操作过程中应当搜集并解读企业披露的环境信息内容，主动识别企业可能面临的环境风险，降低投资的不确定性风险。投资者还需增强环境保护意识和社会责任感，树立可持续发展观念和环境风险价值观念，促使环境与经济可持续发展。

6.3 研究局限性与展望

6.3.1 研究的局限性

本书在我国上市公司环境信息披露质量研究方面取得了一些进展，但由于条件有限，仍存在诸多局限，有待后续研究补充和完善。

首先，本书对环境信息披露内容的研究仅限于年度报告、可持续发展报告和环境报告，可能无法涵盖上市公司披露的所有相关环境信息。此外，对环境信息披露的完整性、真实性和有用性的评价也不全面，需要进一步改进以解决这些不足之处。

其次，本书只专注于分析年度报告的文本篇幅、可读性和相似性，因此没有涉及环境报告的其他重要方面，如语气和语调，该领域中仍有空白，值得进一步研究探讨。总的来说，虽然本书为年报文本特征的研究提供有价值的贡献，但它也强调了继续研究的必要性，以促进我们对年报文本特征与上市公司环境信息披露实践的复杂性进一步的理解。

最后，本书利用内容分析法对环境信息披露措施进行人工打分，可能存在一定程度的主观性。未来的研究可能会受益于开发一个更客观、更可靠的环境信息披露评价机构。总的来说，本书强调需要继续研究环境信息披露质量及其对经济后果的影响，同时也承认需要解决方法上的局限性，提高评价的全面性。

6.3.2 研究的展望

（1）评价体系构建方面。有必要进一步探讨环境信息披露指标体系的概念和维度。鼓励上市公司、相关政府部门和科研机构参与该体系的设计，以实现对环境信息披露框架和评价体系指标的更全面认识，使环境信息披露框架和评价体系指标更具普适性、指导性和系统性。最终，这将有助于推动全球环境信息披露标准，并在环境报告实践中提高透明度和问责制。通过与不同部门和行业的利益相关者合作，有可能开发出更有效的工具和框架，以评估环境信息披露的质量和影响。因此，持续的研究和合作对于促进我们对环境披露实践及其对可持续发展的影响的理解至关重要。

（2）研究范围方面。为了更好地了解企业环境信息公开的发展和演变，为政府的发展提供更准确的信息，应进一步扩大研究样本，延长研究时间，在未来更细微的范围和更长的时间段内研究企业环境信息公开的可持续发展状况。

参 考 文 献

[1] 毕茜，彭珏，左永彦. 环境信息披露制度，公司治理和环境信息披露 [J]. 会计研究，2012 (7)：39-47.

[2] 蔡飞君，柴小莺. 环境信息披露影响财务绩效的传导效应研究 [J]. 财会通讯，2017 (25)：5-8.

[3] 蔡海静，金佳惠. 董秘特征，财务绩效与环境信息披露质量 [J]. 会计之友，2019 (8)：89-95.

[4] 蔡海静，汪祥耀，许慧. 基于可持续发展理念的企业整合报告研究 [J]. 会计研究，2011 (11)：18-26.

[5] 蔡绍洪，彭长生，俞立平. 企业规模对创新政策绩效的影响研究——以高技术产业为例 [J]. 中国软科学，2019 (9)：37-50.

[6] 常凯. 环境信息披露对财务绩效的影响——基于中国重污染行业截面数据的实证分析 [J]. 财经论丛，2015，190 (1)：71-77.

[7] 陈洁. 投资者到金融消费者的角色嬗变 [J]. 法学研究，2011，33 (5)：84-95.

[8] 陈玉清，马丽丽. 我国上市公司社会责任会计信息市场反应实证分析 [J]. 会计研究，2005 (11)：76-81.

[9] 陈祖英，沈璐. 强制性环境信息披露会影响企业投资支出吗？[J]. 北京交通大学学报，2021，20 (2)：58-67.

[10] 成琼文，刘凤. 环境信息披露对企业价值的影响研究——基于重污染行业上市公司的经验数据 [J]. 科技管理研究，2022，42 (1)：177-185.

[11] 程隆云,李志敏,马丽.企业环境信息披露影响因素分析 [J].经济与管理研究,2011 (11): 83 - 90.

[12] 戴悦,史梦鸽.企业环境信息披露对财务绩效的影响效应——基于重污染行业上市公司的经验证据 [J].生态经济,2019, 35 (6): 162 - 169.

[13] 邓伟,陈佳明.信息披露质量对企业风险承担的影响 [J].金融与经济,2021 (3): 47 - 54.

[14] 杜兴强,雷宇.企业利益相关者的利益关系:冲突还是融合 [J].山西财经大学学报,2009, 31 (6): 59 - 65.

[15] 樊纲."发展悖论"与发展经济学的"特征性问题" [J].管理世界,2020, 36 (4): 34 - 39.

[16] 范丹,付嘉为.环境信息披露对企业全要素生产率的影响 [J].中国环境科学,2021, 41 (7): 3463 - 3472.

[17] 范丹,孙晓婷.环境规制,绿色技术创新与绿色经济增长 [J].中国人口·资源与环境,2020, 30 (6): 105 - 115.

[18] 方颖,郭俊杰.中国环境信息披露政策是否有效:基于资本市场反应的研究 [J].经济研究,2018, 53 (10): 158 - 174.

[19] 高宏霞,朱海燕,孟樊俊.环境信息披露质量影响债务融资成本吗?——来自我国环境敏感型行业上市公司的经验证据 [J].南京审计大学学报,2018, 15 (6): 20 - 28.

[20] 葛晨旭,田国双.基于社会责任报告的企业环境信息披露现状研究——以 2015 年《环评报告》中的优秀企业为例 [J].财会通讯,2017 (28): 13 - 16.

[21] 葛家澍,王亚男.论会计信息的可理解性——国际比较,影响因素与对策 [J].厦门大学学报 (哲学社会科学版),2011 (5): 26 - 33.

[22] 耿建新,焦若静.上市公司环境会计信息披露初探 [J].会计研究,2002 (1): 43 - 47.

[23] 顾剑华,王亚倩.产业结构变迁对区域高质量绿色发展的影响及

其空间溢出效应——基于我国省域面板数据的实证研究 [J]. 西南大学学报, 2021, 43 (8): 116 - 128.

[24] 管亚梅, 肖雪. 环境信息披露对债务融资成本和企业信贷规模的影响研究 [J]. 中国注册会计师, 2019 (9): 47 - 54.

[25] 郭卫军, 黄繁华. 产业集聚与经济增长质量——基于全球 82 个国家和地区面板数据的实证分析 [J]. 经济理论与经济管理, 2021, 41 (1): 37 - 51.

[26] 郭雪萌, 张晓玉. 内部控制缺陷披露对权益资本成本的影响研究——基于 2010—2012 年沪市 A 股的经验数据 [J]. 会计之友, 2014 (29): 27 - 35.

[27] 何贤杰, 肖土盛, 陈信元. 企业社会责任信息披露与公司融资约束 [J]. 财经研究, 2012, 38 (8): 60 - 71.

[28] 贺宝成, 吴雨桐, 任佳. 自然资源资产离任审计如何影响企业环境信息披露质量 [J]. 财会月刊, 2022 (5): 69 - 78.

[29] 贺小刚, 连燕玲. 家族权威与企业价值: 基于家族上市公司的实证研究 [J]. 经济研究, 2009, 44 (4): 90 - 102.

[30] 胡曲应. 上市公司环境绩效信息披露研究——以 2009 年开展环保后督查的上市公司为例 [J]. 证券市场导报, 2010 (12): 53 - 59.

[31] 胡曲应. 上市公司环境绩效与财务绩效的相关性研究 [J]. 中国人口·资源与环境, 2012, 22 (6): 23 - 32.

[32] 胡元木, 谭有超. 非财务信息披露: 文献综述以及未来展望 [J]. 会计研究, 2013 (3): 20 - 26.

[33] 季晓佳, 陈洪涛, 王迪. 媒体报道, 政府监管与企业环境信息披露 [J]. 中国环境管理, 2019, 11 (2): 44 - 54.

[34] 蒋伏心, 王竹君, 白俊红. 环境规制对技术创新影响的双重效应 [J]. 中国工业经济, 2013 (7): 44 - 55.

[35] 蒋琰, 王逸如, 姜慧慧. 新《环境保护法》, 环境信息披露与价值效应 [J]. 中国经济问题, 2020 (4): 32 - 46.

[36] 蒋艳辉, 马超群, 熊希希. 创业板上市公司文本惯性披露, 信息相似度与资产定价——基于 Fama-French 改进模型的经验分析 [J]. 中国管理科学, 2014, 22 (8): 56 – 63.

[37] 金碚. 资源与环境约束下的中国工业发展 [J]. 中国工业经济, 2005, 4 (5): 5 – 14.

[38] 孔慧阁, 唐伟. 利益相关者视角下环境信息披露质量的影响因素 [J]. 管理评论, 2016, 28 (9): 182 – 193.

[39] 寇冬雪. 产业集聚模式与环境污染关系研究 [J]. 经济经纬, 2021, 38 (4): 73 – 82.

[40] 李宏婧. 环境信息披露质量的影响因素研究 [D]. 重庆: 西南大学, 2012.

[41] 李敏鑫, 王江寒. 环境污染责任保险与企业环境信息披露 [J]. 保险研究, 2021 (12): 55 – 73.

[42] 李世刚, 鲁逸楠. 年报文本信息相似性对审计收费的影响 [J]. 财会月刊, 2021 (16): 111 – 119.

[43] 李毅, 胡宗义, 何冰洋. 环境规制影响绿色经济发展的机制与效应分析 [J]. 中国软科学, 2020 (9): 26 – 38.

[44] 李正, 向锐. 中国企业社会责任信息披露的内容界定, 计量方法和现状研究 [J]. 会计研究, 2007 (7): 3 – 11.

[45] 林伯强, 姚昕, 刘希颖. 节能和碳排放约束下的中国能源结构战略调整研究 [J]. 中国社会科学, 2010 (1): 58 – 71.

[46] 刘昌阳, 刘亚辉, 尹玉刚. 上市公司产品竞争与分析师研究报告文本信息 [J]. 世界经济, 2020, 43 (2): 122 – 146.

[47] 刘满凤, 陈华脉, 徐野. 环境规制对工业污染空间溢出的效应研究——来自全国 285 个城市的经验证据 [J]. 经济地理, 2021, 41 (2): 194 – 202.

[48] 刘栩萌, 黄溶冰. 机构投资者、环境信息披露质量与企业价值 [J]. 财会通讯, 2018 (15): 32 – 36.

[49] 刘耀彬,熊瑶.环境规制对区域经济发展质量的差异影响 [J].经济经纬,2020,37 (3).

[50] 刘赢时,田银华,罗迎.产业结构升级,能源效率与绿色全要素生产率 [J].财经理论与实践,2018,39 (1):118 - 126.

[51] 卢峰,姚洋.金融压抑下的法治,金融发展和经济增长 [J].金融发展与世界经济,2004 (1):42 - 55.

[52] 卢文彬,官峰,张佩佩,等.媒体曝光度,信息披露环境与权益资本成本 [J].会计研究,2014 (12):66 - 71.

[53] 孟凡利.论环境会计信息披露及其相关的理论问题 [J].会计研究,1999 (4):17 - 25.

[54] 缪艳娟.英美上市公司内控信息披露制度对我国的启示 [J].会计研究,2007 (9):67 - 73.

[55] 倪娟,孔令文.环境信息披露,银行信贷决策与债务融资成本——来自我国沪深两市 A 股重污染行业上市公司的经验证据 [J].经济评论,2016 (1):147 - 156.

[56] 牛佳丽,聂绍芳,唐洋.市场化,债务融资与环境信息披露 [J].科学决策,2013 (9):14 - 26.

[57] 彭培鑫,杜峰.企业环境信息披露研究综述 [J].经济研究导刊,2011 (27):39 - 40.

[58] 祁怀锦,刘儒昞.企业环境信息披露及其地区差异:2010 - 2011 年 A 股上市公司观察 [J].改革,2013 (8):108 - 115.

[59] 钱明,徐光华,沈弋.社会责任信息披露,会计稳健性与融资约束——基于产权异质性的视角 [J].会计研究,2016 (5):9 - 17.

[60] 丘心颖,郑小翠,邓可斌.分析师能有效发挥专业解读信息的作用吗? [J].经济学,2016,15 (4):1483 - 1506.

[61] 任宏达,王琨.社会关系与企业信息披露质量——基于中国上市公司年报的文本分析 [J].南开管理评论,2018,21 (5):128 - 138.

[62] 沈洪涛,冯杰.舆论监督,政府监管与企业环境信息披露 [J].

会计研究, 2012 (2): 72 - 78.

[63] 沈洪涛, 黄珍, 郭肪汝. 告白还是辩白——企业环境表现与环境信息披露关系研究 [J]. 南开管理评论, 2014, 17 (2): 56 - 63.

[64] 沈洪涛, 李余晓璐. 我国重污染行业上市公司环境信息披露现状分析 [J]. 证券市场导报, 2010 (6): 51 - 57.

[65] 沈洪涛, 马正彪. 地区经济发展压力, 企业环境表现与债务融资 [J]. 金融研究, 2014 (2): 153 - 166.

[66] 沈艺峰, 肖珉, 黄娟娟. 中小投资者法律保护与公司权益资本成本 [J]. 经济研究, 2005 (6): 115 - 124.

[67] 史丹, 张成, 周波. 碳排放权交易的实践效果及其影响因素: 一个文献综述 [J]. 城市与环境研究, 2017 (4): 93 - 110.

[68] 舒利敏. 我国重污染行业环境信息披露现状研究——基于沪市重污染行业 620 份社会责任报告的分析 [J]. 证券市场导报, 2014 (9): 35 - 44.

[69] 覃予, 王翼虹. 环境规制, 融资约束与重污染企业绿色化投资路径选择 [J]. 财经论丛, 2020 (10): 75 - 84.

[70] 汤亚莉, 陈自力, 刘星, 等. 我国上市公司环境信息披露状况及影响因素的实证研究 [J]. 管理世界, 2006 (1): 158 - 159.

[71] 唐国平, 李龙会. 股权结构, 产权性质与企业环保投资——来自中国 A 股上市公司的经验证据 [J]. 财经问题研究, 2013 (3): 93 - 100.

[72] 唐也然. 商业银行发展金融科技如何影响信贷业务? ——基于上市银行年报文本挖掘的证据 [J]. 金融与经济, 2021 (2): 38 - 44.

[73] 唐跃军, 程新生. 信息披露机制评价, 信息披露指数与企业业绩——基于 931 家上市公司的调查 [J]. 管理评论, 2005, 17 (10): 8 - 15.

[74] 陶克涛, 郭欣宇, 孙娜. 绿色治理视域下的企业环境信息披露与企业绩效关系研究——基于中国 67 家重污染上市公司的证据 [J]. 中国软科学, 2020 (2): 108 - 119.

[75] 陶小马，郑莉娜．社会责任报告中的环境信息披露 [J]．上海管理科学，2013，35 (4)：94 –100．

[76] 王建明．环境信息披露，行业差异和外部制度压力相关性研究——来自我国沪市上市公司环境信息披露的经验证据 [J]．会计研究，2008 (6)：54 –62．

[77] 王杰，刘斌．环境规制与企业全要素生产率——基于中国工业企业数据的经验分析 [J]．中国工业经济，2014 (3)：44 –56．

[78] 王俊秋，张奇峰．法律环境，金字塔结构与家族企业的"掏空"行为 [J]．财贸研究，2007 (5)：97 –104．

[79] 王克敏，王华杰，李栋栋，等．年报文本信息复杂性与管理者自利——来自中国上市公司的证据 [J]．管理世界，2018，34 (12)：120 –132．

[80] 王垒，曲晶，刘新民．异质机构投资者投资组合，环境信息披露与企业价值 [J]．管理科学，2019，32 (4)：31 –47．

[81] 王霞，徐晓东，王宸．公共压力，社会声誉，内部治理与企业环境信息披露——来自中国制造业上市公司的证据 [J]．南开管理评论，2013，16 (2)：82 –91．

[82] 王雄元，高曦，何捷．年报风险信息披露与审计费用——基于文本余弦相似度视角 [J]．审计研究，2018 (5)：98 –104．

[83] 王雄元，高曦．年报风险披露与权益资本成本 [J]．金融研究，2018 (1)：174 –190．

[84] 王运陈，贺康，万丽梅．MDandA 语言真诚性能够提高资本市场定价效率吗？——基于其经济后果的分析 [J]．北京工商大学学报（社会科学版），2020，35 (3)：99 –112．

[85] 危平，曾高峰．环境信息披露，分析师关注与其经济后果 [J]．上海财经大学学报：哲学社会科学版，2018，20 (2)：39 –58．

[86] 吴德军，唐国平．环境会计与企业社会责任研究——中国会计学会环境会计专业委员会 2011 年年会综述 [J]．会计研究，2012 (1)：93 –96．

［87］吴红军，刘啟仁，吴世农．公司环保信息披露与融资约束［J］．世界经济，2017，40（5）：124－147．

［88］吴红军．环境信息披露，环境绩效与权益资本成本［J］．厦门大学学报：哲学社会科学版，2014（3）：129－138．

［89］吴红军．企业环境信息披露研究［M］．厦门：厦门大学出版社，2016．

［90］武建新，胡建辉．环境规制，产业结构调整与绿色经济增长——基于中国省级面板数据的实证检验［J］．经济问题探索，2018（3）：7－17．

［91］谢华，朱丽萍．企业社会责任信息披露与债务融资成本——来自主板重污染上市公司的经验数据［J］．财会通讯，2018（23）：34－38．

［92］谢婷婷，刘锦华．绿色信贷如何影响中国绿色经济增长？［J］．中国人口·资源与环境，2019，29（9）：83－90．

［93］辛敏，王建明．企业环境信息披露影响因素的经济计量分析［J］．会计之友，2009（7）：82－84．

［94］徐浩，张美莎，李英东．银行信贷行为与产能过剩——基于羊群效应的视角［J］．山西财经大学学报，2019（7）：47－61．

［95］徐玉德，李挺伟，洪金明．制度环境，信息披露质量与银行债务融资约束——来自深市 A 股上市公司的经验证据［J］．财贸经济，2011（5）：51－57．

［96］薛爽，赵泽朋，王迪．企业排污的信息价值及其识别——基于钢铁企业空气污染的研究［J］．金融研究，2017（1）：162－176．

［97］闫海洲，陈百助．气候变化，环境规制与公司碳排放信息披露的价值［J］．金融研究，2017（6）：142－158．

［98］杨宝，余沁青．管理层权力，信息披露质量与权益资本成本［J］．财会通讯，2019（24）：49－52．

［99］杨洁，揭茗凯．环境信息披露对债务融资成本的影响研究［J］．湖南工业大学学报，2021，35（4）：38－45．

[100] 杨林京，廖志高. 绿色金融，结构调整和碳排放——基于有调节的中介效应检验 [J]. 金融与经济，2021 (12)：31 – 39.

[101] 杨璐璐，苏巧玲. 环境会计信息披露对企业价值影响分析 [J]. 财会通讯，2013 (21)：10 – 12.

[102] 杨旻. 海外并购，环境信息披露与其经济后果 [J]. 财会通讯，2021 (1)：68 – 71.

[103] 杨有红，汪薇. 2006 年沪市公司内部控制信息披露研究 [J]. 会计研究，2008 (3)：35 – 42.

[104] 姚圣，张志鹏. 重污染行业环境信息强制性披露规范研究 [J]. 中国矿业大学学报，2021，23 (3)：25 – 38.

[105] 叶陈刚，王孜，武剑锋，等. 外部治理，环境信息披露与股权融资成本 [J]. 南开管理评论，2015，18 (5)：85 – 96.

[106] 叶皓昀. 采矿业上市公司环境信息披露对其经济后果影响的实证研究 [D]. 上海：上海师范大学，2019.

[107] 叶淞文. 信息披露质量，环境不确定性与股权融资成本 [J]. 会计之友，2018 (9)：38 – 43.

[108] 游春晖. 环境信息披露，市场化进程与企业价值——来自中国化学制品行业上市公司的经验证据 [J]. 中国注册会计师，2014 (2)：53 – 57.

[109] 于斌斌. 产业结构调整与生产率提升的经济增长效应——基于中国城市动态空间面板模型的分析 [J]. 中国工业经济，2015 (12)：83 – 98.

[110] 于蔚，汪淼军，金祥荣. 政治关联和融资约束：信息效应与资源效应 [J]. 经济研究，2012，47 (9)：125 – 139.

[111] 袁洋. 环境信息披露质量与股权融资成本——来自沪市 A 股重污染行业的经验证据 [J]. 中南财经政法大学学报，2014 (1)：126 – 136.

[112] 翟华云. 预算软约束下外部融资需求对企业社会责任披露的影响 [J]. 中国人口·资源与环境，2010，20 (9)：107 – 113.

[113] 张长江，许家林. 长三角地区石化塑胶行业上市公司环境绩效信息披露研究——基于社会责任报告 [J]. 财经论丛，2012 (3)：98 –

104.

[114] 张峰，宋晓娜．提高环境规制能促进高端制造业"绿色蜕变"吗——来自绿色全要素生产率的证据解释［J］．科技进步与对策，2019，36（21）：53－61.

[115] 张红．家族企业传承中战略变革与股价崩盘风险研究［D］．成都：西南财经大学，2019.

[116] 张先治，戴文涛．中国企业内部控制评价系统研究［J］．审计研究，2011（1）：69－78.

[117] 张秀敏，薛宇．企业环境信息披露研究的发展与完善——基于披露指标设计与构建方法的探讨［J］．华东师范大学学报，2016，48（5）：140－149.

[118] 张彦明，陆冠延，付会霞，等．环境信息披露质量、市场化程度与企业价值——基于能源行业上市公司经验数据［J］．资源开发与市场，2021，37（4）：435－444.

[119] 赵子夜，杨庆，杨楠．言多必失？管理层报告的样板化及其经济后果［J］．管理科学学报，2019，22（3）：53－70.

[120] 郑建明，许晨曦．"新环保法"提高了企业环境信息披露质量吗？——一项准自然实验［J］．证券市场导报，2018（8）：4－11，28.

[121] 郑若娟．中国重污染行业环境信息披露水平及其影响因素［J］．经济管理，2013（7）：35－46.

[122] 周清香，何爱平．环境规制对长江经济带高质量发展的影响研究［J］．经济问题探索，2021，42（1）：13－24.

[123] 朱炜，孙雨兴，汤倩．实质性披露还是选择性披露：企业环境表现对环境信息披露质量的影响［J］．会计研究，2019（3）：10－17.

[124] Abdelkarim N, Shahin Y A, Arqawi B M. Investor perception of information disclosed in financial reports of Palestine securities exchange listed companies [J]. Accounting and Taxation, 2009, 1 (1): 45－61.

[125] Adams C A. Internal organisational factors influencing corporate so-

cial and ethical reporting: Beyond current theorising [J]. Accounting, Auditing and Accountability Journal, 2002, 15 (2): 223 - 250.

[126] Adams C, Zutshi A. Corporate social responsibility: Why business should act responsibly and be accountable [J]. Australian Accounting Review, 2004, 14 (34): 31 - 39.

[127] Ajina A, Laouiti M, Msolli B. Guiding through the fog: Does annual report readability reveal earnings management? [J]. Research in International Business Finance, 2016 (38): 509 - 516.

[128] Al-Tuwaijri S A, Christensen T E, Hughes Ii K. The relations among environmental disclosure, environmental performance, and economic performance: A simultaneous equations approach [J]. Accounting, Organizations and Society, 2004, 29 (5 - 6): 447 - 471.

[129] Andrikopoulos A, Kriklani N. Environmental disclosure and financial characteristics of the firm: The case of Denmark [J]. Corporate Social Responsibility and Environmental Management, 2013, 20 (1): 55 - 64.

[130] Arora S, Cason T N. An experiment in voluntary environmental regulation: Participation in EPA's 33/50 program [J]. Journal of Environmental Economics and Management, 1995, 28 (3): 271 - 286.

[131] Assessment of the condition of agricultural lands in six mid-Atlantic states [R]. Wiley Online Library, 2000.

[132] Baker G P. Incentive contracts and performance measurement [J]. Journal of Political Economy, 1992, 100 (3): 598 - 614.

[133] Barkemeyer R, Comyns B, Figge F, et al. CEO statements in sustainability reports: Substantive information or background noise? [C]. Accounting Forum, 2004, 38 (4): 241 - 257.

[134] Barkemeyer R, Holt D, Preuss L, et al. What happened to the 'development' in sustainable development? Business guidelines two decades after Brundtland [J]. Sustainable Development, 2014, 22 (1): 15 - 32.

［135］ Basalamah A S, Jermias J. Social and environmental reporting and auditing in Indonesia: maintaining organizational legitimacy? ［J］. Gadjah Mada International Journal of Business, 2005, 7 (1): 109 – 127.

［136］ Beams F A, Fertig P E. Pollution control through social cost conversion ［J］. Journal of Accountancy, 1971, 132 (5): 37 – 42.

［137］ Beattie V, McInnes B, Fearnley S. A methodology for analysing and evaluating narratives in annual reports: A comprehensive descriptive profile and metrics for disclosure quality attributes ［C］. Accounting Forum, 2004, 28 (3): 205 – 236.

［138］ Beck A C, Campbell D, Shrives P J. Content analysis in environmental reporting research: Enrichment and rehearsal of the method in a British-German context ［J］. British Accounting Review, 2010, 42 (3): 207 – 222.

［139］ Beets S D, Souther C. Corporate environmental reports: The need for standards and an environmental assurance service ［J］. Accounting Horizons, 1999, 13 (2): 129 – 145.

［140］ Belkaoui A. The impact of the disclosure of the environmental effects of organizational behavior on the market ［J］. Financial Management, 1976, 5 (4): 26 – 31.

［141］ Blacconiere W G, Patten D M. Environmental disclosures, regulatory costs, and changes in firm value ［J］. Journal of Accounting and Economics, 1994, 18 (3): 357 – 377.

［142］ Bradbury M E. Voluntary disclosure of financial segment data: New Zealand evidence ［J］. Accounting Finance, 1992, 32 (1): 15 – 26.

［143］ Brammer S J, Pavelin S. Corporate reputation and social performance: The importance of fit ［J］. Journal of Management Studies, 2006, 43 (3): 435 – 455.

［144］ Brown N, Deegan C. The public disclosure of environmental performance information: A dual test of media agenda setting theory and legitimacy theory [J]. Accounting and Business Research, 1998, 29 (1): 21 –41.

[145] Buhr N, Freedman M. Culture, institutional factors and differences in environmental disclosure between Canada and the United States [J]. Critical Perspectives on Accounting, 2001, 12 (3): 293 –322.

[146] Bushman R M, Piotroski J D, Smith A J. What determines corporate transparency? [J]. Journal of Accounting Research, 2004, 42 (2): 207 – 252.

[147] Buysse K, Verbeke A. Proactive environmental strategies: A stakeholder management perspective [J]. Strategic Management Journal, 2003, 24 (5): 453 –470.

[148] Carroll C D, Kimball M S. On the concavity of the consumption function [J]. Econometrica, 1996, 64 (4): 981 –992.

[149] Cavaliere A. Overcompliance and voluntary agreements [J]. Environmental Resource Economics, 2000, 17 (2): 195 –202.

[150] Charkham J P. Corporate governance: Lessons from abroad [J]. European Business Journal, 1992, 4 (2): 8 –16.

[151] Chithambo L, Tauringana V, Tingbani I, et al. Stakeholder pressure and greenhouses gas voluntary disclosures [J]. Business Strategy and the Environment, 2022, 31 (1): 159 –172.

[152] Cho S Y, Lee C, Pfeiffer Jr R J. Corporate social responsibility performance and information asymmetry [J]. Journal of Accounting Public Policy, 2013, 32 (1): 71 –83.

[153] Clarkson P M, Fang X, Li Y, et al. The relevance of environmental disclosures: Are such disclosures incrementally informative? [J]. Journal of Accounting Public Policy, 2013, 32 (5): 410 –431.

[154] Clarkson P M, Li Y, Richardson G D, et al. Revisiting the relation between environmental performance and environmental disclosure: An empirical analysis [J]. Accounting, Organizations and Society, 2008, 33 (4 –5): 303 –

327.

[155] Clarkson P M, Li Y, Richardson G D, et al. Revisiting the relation between environmental performance and environmental disclosure: An empirical analysis [J]. Accounting, organizations society and Natural Resources, 2008, 33 (4 – 5): 303 – 327.

[156] Connelly S. Mapping sustainable development as a contested concept [J]. Local Environment, 2007, 12 (3): 259 – 278.

[157] Cordeiro J J, Profumo G, Tutore I. Board gender diversity and corporate environmental performance: The moderating role of family and dual-class majority ownership structures [J]. Business Strategy and the Environment, 2020, 29 (3): 1127 – 1144.

[158] Cormier D, Magnan M. Environmental reporting management: A continental European perspective [J]. Journal of Accounting and Public Policy, 2003, 22 (1): 43 – 62.

[159] Cormier D, Magnan M. The revisited contribution of environmental reporting to investors' valuation of a firm's earnings: An international perspective [J]. Ecological economics, 2007, 62 (3 – 4): 613 – 626.

[160] Cormier D, Magnan M, Van Velthoven B. Environmental disclosure quality in large German companies: Economic incentives, public pressures or institutional conditions? [J]. European accounting review, 2005, 14 (1): 3 – 39.

[161] Cowen S S, Ferreri L B, Parker L D. The impact of corporate characteristics on social responsibility disclosure: A typology and frequency-based analysis [J]. Accounting, Organizations and Society, 1987, 12 (2): 111 – 122.

[162] Crampton W, Patten D. Social responsiveness, profitability and catastrophic events: Evidence on the corporate philanthropic response to 9/11 [J]. Journal of Business Ethics, 2008, 81 (4): 863 – 873.

[163] D'Amico E, Coluccia D, Fontana S, et al. Factors influencing corporate environmental disclosure [J]. Business Strategy the Environment, 2016, 25 (3): 178 – 192.

[164] Dang V T, Nguyen N, Pervan S. Retailer corporate social responsibility and consumer citizenship behavior: The mediating roles of perceived consumer effectiveness and consumer trust [J]. Journal of Retailing and Consumer Services, 2020 (55): 102082.

[165] Dasgupta S, Laplante B, Mamingi N. Pollution and capital markets in developing countries [J]. Journal of Environmental Economics and Management, 2001, 42 (3): 310 – 335.

[166] Das S, Sun X D, Dutta A. Text Mining and Topic Modeling of Compendiums of Papers from Transportation Research Board Annual Meetings [J]. Transportation Research Record, 2016 (2552): 48 – 56.

[167] Dawkins C, Fraas J W. Coming clean: The impact of environmental performance and visibility on corporate climate change disclosure [J]. Journal of Business Ethics, 2011, 100 (2): 303 – 322.

[168] Dechant K, Altman B. Environmental leadership: From compliance to competitive advantage [J]. Academy of Management Perspectives, 1994, 8 (3): 7 – 20.

[169] Deegan C, Gordon B. A study of the environmental disclosure practices of Australian corporations [J]. Accounting and Business Research, 1996, 26 (3): 187 – 199.

[170] Deegan C. Introduction: The legitimising effect of social and environmental disclosures-a theoretical foundation [J]. Accounting, Auditing and Accountability Journal, 2002, 15 (3): 282 – 311.

[171] Denis D J, Denis D K, Sarin A. The information content of dividend changes: Cash flow signaling, overinvestment, and dividend clienteles [J]. Journal of Financial Quantitative Analysis, 1994, 29 (4): 567 – 587.

［172］Dhar B K, Sarkar S M, Ayittey F K. Impact of social responsibility disclosure between implementation of green accounting and sustainable development: A study on heavily polluting companies in Bangladesh ［J］. Corporate Social Responsibility and Environmental Management, 2022, 29 (1): 71 – 78.

［173］Dierkes M, Preston L E. Corporate social accounting reporting for the physical environment: A critical review and implementation proposal ［J］. Accounting, Organizations Society and Natural Resources, 1977, 2 (1): 3 – 22.

［174］Doshi A R, Dowell G W, Toffel M W. How firms respond to mandatory information disclosure ［J］. Strategic Management Journal, 2013, 34 (10): 1209 – 1231.

［175］Ertugrul M, Lei J, Qiu J, et al. Annual report readability, tone ambiguity, and the cost of borrowing ［J］. Journal of Financial Quantitative Analysis, 2017, 52 (2): 811 – 836.

［176］Fama E F, Laffer A B. Information and capital markets ［J］. Journal of Business, 1971, 44 (3): 289 – 298.

［177］Fekrat M A, Inclan C, Petroni D. Corporate environmental disclosures: Competitive disclosure hypothesis using 1991 annual report data ［J］. The International Journal of Accounting, 1996, 31 (2): 175 – 195.

［178］Feldman R, Fresko M, Kinar Y, et al. Text mining at the term level ［C］. The European Symposium on Principles of Data Mining and Knowledge Discovery, 1998: 65 – 73.

［179］Ferguson H M, Read A. Genetic and environmental determinants of malaria parasite virulence in mosquitoes ［J］. Proceedings Biological Sciences, 2002, 269 (1497): 1217 – 1224.

［180］Freedman M, Jaggi B. Pollution disclosures, pollution performance and economic performance ［J］. Omega, 1982, 10 (2): 167 – 176.

［181］Freedman W. Green guidelines clarify reporting ［J］. Chemical

Week, 1997, 159 (5): 57 – 58.

[182] Freeman R E, Harrison J S, Wicks A C, et al. Stakeholder theory: The state of the art [J]. The Academy of Management Annals, 2010, 4 (1): 403 – 445.

[183] Friedman G M. On sorting, sorting coefficients, and the lognormality of the grain-size distribution of sandstones [J]. The Journal of Geology, 1962, 70 (6): 737 – 753.

[184] Friedman J, Gerlowski D A, Silberman J. What attracts foreign multinational corporations? Evidence from branch plant location in the United States [J]. Journal of Regional Science, 1992, 32 (4): 403 – 418.

[185] Galan-Valdivieso F, Saraite-Sariene L, Alonso-Canadas J, et al. Do Corporate Carbon Policies Enhance Legitimacy? A Social Media Perspective [J]. Sustainability, 2019, 11 (4): 23.

[186] Goodland R, Ledec G. Neoclassical economics and principles of sustainable development [J]. Ecological Modelling, 2005, 38 (1 – 2): 19 – 46.

[187] Goss A, Roberts G S. The impact of corporate social responsibility on the cost of bank loans [J]. Journal of Banking Finance, 2011, 35 (7): 1794 – 1810.

[188] Gray R, Javad M, Power D M, et al. Social and environmental disclosure and corporate characteristics: A research note and extension [J]. Journal of Business Finance and Accounting, 2001, 28 (3/4): 327 – 356.

[189] Grossman S J, Hart O D. Takeover bids, the free-rider problem, and the theory of the corporation [J]. The Bell Journal of Economics, 1980, 11 (1): 42 – 64.

[190] Guthrie J, Farneti F. GRI sustainability reporting by Australian public sector organizations [J]. Public Money Manage, 2008, 28 (6): 361 – 366.

[191] Hackston D, Milne M J. Some determinants of social and environmental disclosures in New Zealand companies [J]. Accounting, Auditing and Accountability Journal, 1996, 9 (1): 77 - 108.

[192] Hadlock C J, Pierce J R. New evidence on measuring financial constraints: Moving beyond the KZ index [J]. The Review of Financial Studies, 2010, 23 (5): 1909 - 1940.

[193] Hamilton J T. Pollution as news: Media and stock market reactions to the toxics release inventory data [J]. Journal of Environmental Economics, 1995, 28 (1): 98 - 113.

[194] Hannan M T, Freeman J. Structural inertia and organizational change [J]. American Sociological Review, 1984, 19 (2): 149 - 164.

[195] Hasseldine J, Salama A I, Toms J S. Quantity versus quality: The impact of environmental disclosures on the reputations of UK Plcs [J]. British Accounting Review, 2005, 37 (2): 231 - 248.

[196] Heflin F, Subramanyam K, Zhang Y. Regulation FD and the financial information environment: Early evidence [J]. The Accounting Review, 2003, 78 (1): 1 - 37.

[197] Helfaya A, Whittington M, Alawattage C. Exploring the quality of corporate environmental reporting: Surveying preparers' and users' perceptions [J]. Accounting, Auditing and Accountability Journal, 2019, 32 (1): 163 - 193.

[198] Hoberg G, Phillips G, Prabhala N. Product market threats, payouts, and financial flexibility [J]. The Journal of Finance, 2014, 69 (1): 293 - 324.

[199] Hoberg G, Phillips G. Text-based network industries and endogenous product differentiation [J]. Journal of Political Economy, 2016, 124 (5): 1423 - 1465.

[200] Hooks J, Staden C J V. Evaluating environmental disclosures: The

relationship between quality and extent measures [J]. British Accounting Review, 2011, 43 (3): 200 –213.

[201] Hsieh Y C J. Hotel companies' environmental policies and practices: A content analysis of their web pages [J]. International Journal of Contemporary Hospitality Management, 2012, 24 (1): 97 –121.

[202] Huang C-L, Kung F-H. Drivers of environmental disclosure and stakeholder expectation: Evidence from Taiwan [J]. Journal of Business Ethics, 2010, 96 (3): 435 –451.

[203] Hughes R, Paramor O. On the loss of saltmarshes in south-east England and methods for their restoration [J]. Journal of Applied Ecology, 2004, 41 (3): 440 –448.

[204] Hughes S B, Anderson A, Golden S. Corporate environmental disclosures: Are they useful in determining environmental performance? [J]. Journal of Accounting and Public Policy, 2001, 20 (3): 217 –240.

[205] Ingram R W, Frazier K B. Environmental performance and corporate disclosure [J]. Journal of Accounting Research, 1980, 18 (2): 614 –622.

[206] Iwata H. Disclosure of environmental information and investments of firms [J]. MPRA Paper, 2014, 3 (29): 54784 –54788.

[207] Jaffe A B, Palmer K. Environmental regulation and innovation: A panel data study [J]. Review of Economics Statistics, 1997, 79 (4): 610 –619.

[208] Jensen M C, Meckling W H. Theory of the firm: Managerial behavior, agency costs and ownership structure [J]. Journal of Financial Economics, 1976, 3 (4): 305 –360.

[209] Jiraporn P, Chintrakarn P. How do powerful CEOs view corporate social responsibility (CSR)? An empirical note [J]. Economics Letters, 2013, 119 (3): 344 –347.

［210］Jones K A, Marley J E, Rushing T, et al. Environmental reporting ［M］. Isa 2002 Technology Update, Vol Lvii, Pt 2. Research Triangle Park: Instrument Soc Amer, 2002: 345 – 350.

［211］JT M. Pollution of the accounting issues ［J］. Accounting and Taxation, 1973: 18 – 22.

［212］Khan A, Muttakin M B, Siddiqui J. Corporate governance and corporate social responsibility disclosures: Evidence from an emerging economy ［J］. Journal of Business Ethics, 2013, 114 (2): 207 – 223.

［213］Khan S A R, Zhang Y, Kumar A, et al. Measuring the impact of renewable energy, public health expenditure, logistics, and environmental performance on sustainable economic growth ［J］. Sustainable Development, 2020, 28 (4): 833 – 843.

［214］Konar S, Cohen M A. Information as regulation: The effect of community right to know laws on toxic emissions ［J］. Journal of Environmental Economics, 1997, 32 (1): 109 – 124.

［215］Kothari S P, Li X, Short J E. The effect of disclosures by management, analysts, and business press on cost of capital, return volatility, and analyst forecasts: A study using content analysis ［J］. The Accounting Review, 2009, 84 (5): 1639 – 1670.

［216］Kreuze J G, Newell G E. ABC and life-cycle costing for environmental expenditures ［J］. Strategic Finance, 1994, 75 (8): 38.

［217］Kreuze J G, Newell G E, Newell S J. Environmental disclosures: What companies are reporting ［J］. Strategic Finance, 1996, 78 (1): 37.

［218］Lang M, Stice-Lawrence L. Textual analysis and international financial reporting: Large sample evidence ［J］. Journal of Accounting Economics, 2015, 60 (2 – 3): 110 – 135.

［219］Laplante B, Lanoie P. The market response to environmental incidents in Canada: A theoretical and empirical analysis ［J］. Southern Economic

Journal, 1994, 60 (3): 657 –672.

[220] Latan H, Jabbour C J C, de Sousa Jabbour A B L, et al. Effects of environmental strategy, environmental uncertainty and top management's commitment on corporate environmental performance: The role of environmental management accounting [J]. Journal of Cleaner Production, 2018 (180): 297 – 306.

[221] Lee N, George C. Environmental Assessment in Developing and Transitional Countries: Principles, Methods and Practice [M]. New York: John Wiley and Sons, 2013.

[222] Lee S, Singal M, Kang K H. The corporate social responsibility-financial performance link in the US restaurant industry: Do economic conditions matter? [J]. International Journal of Hospitality Management, 2013 (32): 2 –10.

[223] Lehavy R, Li F, Merkley K. The effect of annual report readability on analyst following and the properties of their earnings forecasts [J]. The Accounting Review, 2011, 86 (3): 1087 –1115.

[224] Lehmann E, Weigand J. Does the governed corporation perform better? Governance structures and corporate performance in Germany [J]. European Finance Review, 2000, 4 (2): 157 –195.

[225] Liew W T, Adhitya A, Srinivasan R. Sustainability trends in the process industries: A text mining-based analysis [J]. Computers in Industry, 2014, 65 (3): 393 –400.

[226] Liu X, Anbumozhi V. Determinant factors of corporate environmental information disclosure: An empirical study of Chinese listed companies [J]. Journal of Cleaner Production, 2009, 17 (6): 593 –600.

[227] Lorraine N H, Collison D, Power D. An analysis of the stock market impact of environmental performance information [C]. Accounting Forum, 2004, 28 (1): 7 –26.

[228] Lu L Y, Shailer G, Yu Y. Corporate social responsibility disclosure and the value of cash holdings [J]. European Accounting Review, 2017, 26 (4): 729 – 753.

[229] Lu Y, Abeysekera I, Cortese C. Corporate social responsibility reporting quality, board characteristics and corporate social reputation: Evidence from China [J]. Pacific Accounting Review, 2015, 27 (1): 95 – 118.

[230] Manes-Rossi F, Tiron-Tudor A, Nicolò G, et al. Ensuring more sustainable reporting in Europe using non-financial disclosure: De facto and de jure evidence [J]. Sustainability, 2018, 10 (4): 1162.

[231] Marquis C, Toffel M W. When do Firms Greenwash?: Corporate Visibility, Civil Society Scrutiny, and Environmental Disclosure [M]. Boston: Harvard Business School Boston, MA, 2012.

[232] Matsumura E M, Prakash R, Vera-Munoz S C. Firm-value effects of carbon emissions and carbon disclosures [J]. The Accounting Review, 2014, 89 (2): 695 – 724.

[233] Matta R, Akhter D, Malarvizhi D P. Managers' perception on factors impacting environmental disclosure [J]. Journal of Management, 2019, 6 (2): 219 – 229.

[234] Mitchell R K, Agle B R, Wood D J. Toward a theory of stakeholder identification and salience: Defining the principle of who and what really counts [J]. Academy of Management Review, 1997, 22 (4): 853 – 886.

[235] Monteiro S C, Lofts S, Boxall A B. Pre-assessment of environmental impact of zinc and copper used in animal nutrition [J]. EFSA Supporting Publications, 2010, 7 (9): 74E.

[236] Monteiro S M, Aibar-Guzmán B. Determinants of environmental disclosure in the annual reports of large companies operating in Portugal [J]. Corporate Social Responsibility Environmental Management, 2010, 17 (4): 185 – 204.

[237] Mousami Shankar A, Muralikrishna G. Purification and character- ization of a novel aD-glucosidase from Lactobacillus fermentum with unique sub- strate specificity towards resistant starch [J]. The Journal of General Applied Microbiology, 2018, 63 (6): 355 – 361.

[238] Naciti V. Corporate governance and board of directors: The effect of a board composition on firm sustainability performance [J]. Journal of Clean- er Production, 2019 (237): 117727.

[239] Narver J C. Rational management responses to external effects [J]. Academy of Management Journal, 1971, 14 (1): 99 – 115.

[240] Neu D, Warsame H, Pedwell K. Managing public impressions: Environmental disclosures in annual reports [J]. Accounting, Organizations So- ciety and Natural Resources, 1998, 23 (3): 265 – 282.

[241] Oates W E. Federalism and government finance [J]. Modern Pub- lic Finance, 1994, 126 (1999): 1120 – 1149.

[242] Patten D M. Exposure, legitimacy, and social disclosure [J]. Journal of Accounting and Public Policy, 1991, 10 (4): 297 – 308.

[243] Patten D M, Trompeter G. Corporate responses to political costs: An examination of the relation between environmental disclosure and earnings management [J]. Journal of Accounting and Public Policy, 2003, 22 (1): 83 – 94.

[244] Permana V A, Rahardja R. Pengaruh Kinerja Lingkungan dan Karakteristik Perusahaan terhadap Corporate Social Responsibility (CSR) Dis- closure (Studi Empiris pada Perusahaan Manufaktur yang Terdaftar di BEI) [J]. Diponegoro Journal of Accounting, 2012, 1 (1): 525 – 536.

[245] Porter M, Linde CVD. Green and competitive: Ending the Stale- mate [J]. Harvard Business Review, 1995, 73 (6): 206.

[246] Preston L E, Rey F, Dierkes M. Comparing corporate social per- formance: Germany, France, Canada, and the US [J]. California Management

Review, 1978, 20 (4): 40 – 49.

[247] Putri M M, Firmansyah A, Labadia D. Corporate social responsibility disclosure, good corporate governance, firm value: Evidence from Indonesia's food and beverage companies [J]. The Accounting Journal of Binaniaga, 2020, 5 (2): 113 – 122.

[248] Rao K, Tilt C. Board diversity and CSR reporting: An Australian Study [J]. Meditan Accountancy Research, 2016, 24 (2): 182 – 210.

[249] Rees W E. Ecological footprints and appropriated carrying capacity: What urban economics leaves out [J]. Environment Urbanization, 1992, 4 (2): 121 – 130.

[250] Richardson A J, Welker M. Social disclosure, financial disclosure and the cost of equity capital [J]. Accounting, Organizations Society and Natural Resources, 2001, 26 (7 – 8): 597 – 616.

[251] Rodríguez L C, LeMaster J. Voluntary corporate social responsibility disclosure: SEC "CSR Seal of Approval" [J]. Business Society and Natural Resources, 2007, 46 (3): 370 – 384.

[252] Spence M. Competitive and optimal responses to signals: An analysis of efficiency and distribution [J]. Journal of Economic Theory, 1974, 7 (3): 296 – 332.

[253] Staden C J V, Hooks J. A comprehensive comparison of corporate environmental reporting and responsiveness [J]. British Accounting Review, 2007, 39 (3): 197 – 210.

[254] Stanny E, Ely K. Corporate environmental disclosures about the effects of climate change [J]. Corporate Social Responsibility and Environmental Management, 2008, 15 (6): 338 – 348.

[255] Sumiani Y, Haslinda Y, Lehman G. Environmental reporting in a developing country: A case study on status and implementation in Malaysia [J]. Journal of Cleaner Production, 2007, 15 (10): 895 – 901.

[256] Tagesson T, Blank V, Broberg P, et al. What explains the extent and content of social and environmental disclosures on corporate websites: A study of social and environmental reporting in Swedish listed corporations [J]. Corporate Social Responsibility and Environmental Management, 2009, 16 (6): 352 – 364.

[257] Tan A, Benni D, Liani W. Determinants of corporate social responsibility disclosure and investor reaction [J]. International Journal of Economics Financial Issues, 2016, 6 (4S): 1 – 7.

[258] Tietenberg T. Disclosure strategies for pollution control [J]. Environmental Resource Economics, 1998, 11 (3): 587 – 602.

[259] Tremblay M C, Berndt D J, Luther S L, et al. Identifying fall-related injuries: Text mining the electronic medical record [J]. Information Technology and Management, 2009, 10 (4): 253 – 265.

[260] Trueman B. Why do managers voluntarily release earnings forecasts? [J]. Journal of Accounting Economics, 1986, 8 (1): 53 – 71.

[261] Villiers C D, Naiker V, Staden C J V. The effect of board characteristics on firm environmental performance [J]. Journal of Management, 2011, 37 (6): 1636 – 1663.

[262] Villiers C D, Staden C J V. Can less environmental disclosure have a legitimising effect? Evidence from Africa [J]. Accounting Organizations and Society, 2006, 31 (8): 763 – 781.

[263] Walker M, Kent A. Do fans care? Assessing the influence of corporate social responsibility on consumer attitudes in the sport industry [J]. Journal of Sport Management, 2009, 23 (6): 743 – 769.

[264] Wallace P E. Climate change, fiduciary duty, and corporate disclosure: Are things heating up in the boardroom [J]. Corporate Practice Commentator, 2008, 50 (4): 917 – 957.

[265] Wener R E, Kaminoff R D. Improving environmental information:

Effects of signs on perceived crowding and behavior [J]. Environment Behavioral Research in Accounting, 1983, 15 (1): 3 – 20.

[266] Whited T M, Wu G. Financial constraints risk [J]. The Review of Financial Studies, 2006, 19 (2): 531 – 559.

[267] Wilmshurst T D, Frost G R. Corporate environmental reporting: A test of legitimacy theory [J]. Accounting, Auditing Accountability Journal, 2000, 13 (1): 10 – 26.

[268] Wiseman J. An evaluation of environmental disclosures made in corporate annual reports [J]. Accounting Organizations and Society, 1982, 7 (1): 53 – 63.

[269] Wook C N, Jin L M. Exploring changes in coastal environment policy using text mining: A case study in South Korea [J]. Journal of Coastal Research, 2020 (102): 47 – 53.

[270] Wu J. Landscape sustainability science: Ecosystem services and human well-being in changing landscapes [J]. Landscape Ecology, 2013, 28 (6): 999 – 1023.

[271] Xie T, Reddy K R, Wang C, et al. Characteristics and applications of biochar for environmental remediation: A review [J]. Critical Reviews in Environmental Science and Technology, 2015, 45 (9): 939 – 969.

[272] Ye L, Fang Y. Evolutionary game analysis on firms and banks' behavioral strategies: Impact of environmental governance on interest rate setting [J]. Environmental Impact Assessment Review, 2021 (86): 106501.